"一带一路"国家知识产

U0454026

罗马尼亚
知识产权法

重庆知识产权保护协同创新中心
西南政法大学知识产权研究中心 ◎组织翻译

郑　重　陈嘉良　黄安娜◎译

易健雄◎校

知识产权出版社
全国百佳图书出版单位
—北 京—

图书在版编目（CIP）数据

罗马尼亚知识产权法/重庆知识产权保护协同创新中心，西南政法大学知识产权研究中心组织翻译；郑重，陈嘉良，黄安娜译. —北京：知识产权出版社，2025.2. —（"一带一路"国家知识产权法译丛）. —ISBN 978 - 7 - 5130 - 9771 - 0

Ⅰ. D954.234

中国国家版本馆 CIP 数据核字第 2025U6W303 号

内容提要

本书收录了罗马尼亚的著作权与邻接权法、专利法、商标和地理标志法的中文译本，详细介绍了罗马尼亚在知识产权保护方面的法律框架和实施细节。本书不仅可以帮助学者、法律从业者和企业管理者理解和掌握罗马尼亚知识产权保护的具体措施和政策，而且有助于他们研究和处理在罗马尼亚的法律事务和商业运营。本书可作为知识产权领域从业人员、高校法学院师生的工具书。

责任编辑：王玉茂　章鹿野		责任校对：潘凤越	
封面设计：杨杨工作室·张　冀		责任印制：刘译文	

罗马尼亚知识产权法

重庆知识产权保护协同创新中心
西南政法大学知识产权研究中心　　　组织翻译
郑　重　陈嘉良　黄安娜　译
易健雄　校

出版发行：知识产权出版社 有限责任公司　　　网　　址：http://www.ipph.cn

社　　址：北京市海淀区气象路 50 号院　　　邮　　编：100081

责编电话：010 - 82000860 转 8541　　　责编邮箱：wangyumao@cnipr.com

发行电话：010 - 82000860 转 8101/8102　　　发行传真：010 - 82000893/82005070/82000270

印　　刷：三河市国英印务有限公司　　　经　　销：新华书店、各大网上书店及相关专业书店

开　　本：720mm×1000mm　1/16　　　印　　张：11.5

版　　次：2025 年 2 月第 1 版　　　印　　次：2025 年 2 月第 1 次印刷

字　　数：200 千字　　　定　　价：75.00 元

ISBN 978 - 7 - 5130 - 9771 - 0

序　言

　　自我国于 2013 年提出"一带一路"倡议以来，我国已与多个国家和国际组织签署了 200 多份合作文件。"一带一路"倡议的核心理念已被纳入联合国、二十国集团、亚太经济合作组织、上海合作组织等诸多重要国际机制的成果文件中，成为凝聚国际合作共识、持续共同发展的重要思想。国际社会业已形成共建"一带一路"的良好氛围，我国也在基础设施互联互通、经贸领域投资合作、金融服务、人文交流等各项"一带一路"建设方面取得显著成效。国家也号召社会各界对加入"一带一路"建设的各个国家和国际组织的基本状况、风土人情、法律制度等多加介绍，以便相关人士更好地了解这些国家和国际组织，为相关投资、合作等提供参考。

　　基于此背景，重庆知识产权保护协同创新中心与西南政法大学知识产权研究中心（以下简称"两个中心"）响应国家号召，结合自身的专业特长，于 2017 年 7 月启动了"一带一路"国家知识产权法律的翻译计划。该计划拟分期分批译介"一带一路"国家的专利法、商标法、著作权法等各项知识产权法律制度，且不做"锦上添花"之举，只行"雪中送炭"之事，即根据与中国的经贸往来、人文交流的密切程度，优先译介尚未被翻译成中文出版的"一带一路"国家的知识产权法律制度，以填补国内此类译作的空白。确定翻译方向后，两个中心即选取了马来西亚、斯里兰卡、巴基斯坦、哈萨克斯坦、以色列、希腊、匈牙利、罗马尼亚、捷克、澳大利亚等十国的专利法、商标法、著作权法作为翻译对象。第一期的专利法、第二期的商标法、第三期的著作权法翻译工作已经完成，并先后于 2018 年 10 月、2021 年 7 月、2023 年 7 月各出版两辑。六辑译作出版后，得到了良好的社会评价，《中国知识产权

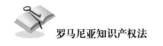

报》在 2022 年 1 月 14 日第 11 版和 2023 年 8 月 18 日第 11 版分别对该译作作了专题报道。

2018 年 10 月至今，十国知识产权法多有修订之处，同时为了方便读者集中查询一国专利、商标、著作权等知识产权法律规定，两个中心随即以前三期翻译工作为基础，启动了第四期以国别为单位的翻译工作，并确定由各国专利法、商标法、著作权法的原译者分别负责该国知识产权法律的译介工作，包括根据相关法律最新修订文本重新翻译、对该国的知识产权法律状况作一整体的勾勒与评价等。该项工作历经前期整理、初译、校对、审稿、最终统校等多道程序后，终于完成，以国别为单位分成十本图书出版，"国名＋知识产权法"即为书名。

众所周知，法条翻译并非易事。尽管译校者沥尽心血，力求在准确把握原意基础之上，以符合汉语表达习惯的方式表述出来，但囿于能力、时间等各方面因素，最终的译文恐仍难完全令人满意，错漏之处在所难免。在此恳请读者、专家批评指正。无论如何，必须向参与此次译丛工作的师生表示衷心的感谢。按国别对译者记录如下：牟萍（马来西亚），王广震（斯里兰卡），马海生（巴基斯坦），田晓玲、陈岚、费悦华（哈萨克斯坦），康添雄（以色列），廖志刚、廖灵运（希腊），秦洁、肖柏杨、刘天松、李宇航（匈牙利），郑重、陈嘉良、黄安娜（罗马尼亚），张惠彬、刘诗蕾（捷克），曹伟（澳大利亚）。此外，易健雄老师承担了此次翻译的主要组织工作，并为译稿作了最后的审校。最后，感谢知识产权出版社的大力支持，使译稿得以出版。

2024 年是共建"一带一路"奔向下一个金色十年的开局之年。唯愿这四期"一带一路"国家知识产权法律翻译工作能为"一带一路"的建设稍尽绵薄之力，在中国式现代化建设中实现两个中心的专业价值。

重庆知识产权保护协同创新中心
西南政法大学知识产权研究中心
2024 年 11 月 26 日

前　言

　　《知识产权强国建设纲要（2021—2035年)》提出要深化与共建"一带一路"国家和地区知识产权务实合作。罗马尼亚在"一带一路"建设中具有重要的战略地位，是我国同中东欧国家乃至欧洲合作的重要支点。

　　作为新兴工业化国家，罗马尼亚经济增幅居欧盟前列，不仅拥有中东欧地区最大的市场之一，而且产品可以无障碍进入欧盟市场，并与美国、加拿大、澳大利亚、日本等多国享受关税减免。随着中国和罗马尼亚双边经贸合作日趋增多，知识产权保护制度作为经济全球化背景下国际经贸领域的"标配"，在"一带一路"建设过程中必须随之跟进提供保障。为实现将我国从"知识产权大国"建设成为"知识产权强国"的发展目标，在共建"一带一路"高质量发展道路上，我国应当着眼于以科技创新、文化交流、品牌建设为核心，深化与沿线国家知识产权合作。

　　然而，我国与"一带一路"多个沿线国家的知识产权合作并不均衡，主要集中在与少数国家的合作。当前，我国在罗马尼亚专利申请数量不多，专利储备不足，专利布局薄弱，与中罗双边贸易的活跃程度不相匹配。

　　造成我国与罗马尼亚知识产权合作缺失，尤其是专利领域储备不足、专利布局薄弱的主要原因在于：第一，我国对于罗马尼亚知识产权法律制度缺乏了解。商务部编写的罗马尼亚投资指南仅部分列举了罗马尼亚知识产权法律名称，并未介绍法律的具体内容，甚至未提及专利领域的罗马尼亚相关法

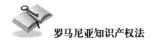

律，包括专利法、实用新型法和设计法。❶ 第二，我国对于罗马尼亚知识产权法律制度研究不足。目前，国内鲜有关于罗马尼亚知识产权法律制度的系统理论研究，更遑论如何依据罗马尼亚现实情况进行中罗知识产权合作的对策建议以及我国企业如何在罗马尼亚申请专利、进行商标注册的操作指引。第三，我国与罗马尼亚欠缺知识产权合作机制。中国与罗马尼亚双边合作主要集中于经贸往来，但在专利技术合作、商标品牌推介、文化产品传播等知识产权领域的国际合作机制尚未建立。

有鉴于此，本书翻译选取罗马尼亚知识产权法律制度的核心部分，即著作权与邻接权法、专利法、商标和地理标志法。由于罗马尼亚是《保护工业产权巴黎公约》、《欧洲专利公约》（EPC）、《专利合作条约》（PCT）的成员国，也是欧盟成员，总体而言，罗马尼亚的知识产权立法国际化程度较高，已基本达到欧盟和国际标准。

本书以世界知识产权组织（WIPO）网站提供的英语版本为基础，同时参照日本特许厅（JPO）英译本，以及罗马尼亚国家发明与商标局（OSIM）、罗马尼亚国家版权局（ORDA）网站上公布的最新罗马尼亚语版本翻译而成。为了尽可能忠实地呈现各法律原貌，2017 年 5 月至今，译者不敢有丝毫懈怠，字斟句酌，反复修改校对译文。但限于译者知识和水平，出现错误及疏漏之处敬请读者不吝批评指正！

郑　重

2024 年冬于毓秀湖畔天高鸿苑

---

❶ 主要包括罗马尼亚 1996 年第 8 号著作权及其相关权利法、1998 年第 84 号商标和地理标识法、2001 年第 455 号电子签名法、2004 年第 451 号数字和电子信息版权法及其实施细则、2005 年第 100 号关于确保尊重工业产权的政府紧急法令。参见我国商务部国际贸易经济合作研究院、中国驻罗马尼亚大使馆经济商务处、商务部对外投资和经济合作司发布的《对外投资合作国别（地区）指南：罗马尼亚》（2021 年版），第 71 页。

译者简介

郑重，西南政法大学民商法学院副教授、硕士生导师，日本九州大学法学博士，日本京都大学访问学者，加拿大不列颠哥伦比亚大学"重庆市教育英才全英文授课教师海外研修项目"访问学者；兼任西南政法大学法律顾问、中国知识产权法学会理事、重庆市法学会知识产权法学研究会理事、重庆市人民检察院第五分院专家咨询委员、重庆市教育委员会法律咨询委委员、重庆市涉外知识产权调解中心调解员。重庆市首届来华留学英语授课品牌课程知识产权法负责人，主持完成国家社科基金青年项目和教育部留学回国人员科研启动基金项目。出版英文专著《认真对待个人使用：中国数字版权法个人使用制度的反思》（*Taking Private Use Seriously：A Critical Evaluation of the Legal Treatment of Private Use under Chinese Digital Copyright Law*，Peter Lang GmbH，2013 年出版）。负责本书中罗马尼亚著作权与邻接权法、专利法、商标和地理标志法的翻译工作。

陈嘉良，广东广和律师事务所律师，西南政法大学知识产权法学硕士，参与本书中罗马尼亚著作权与邻接权法的翻译工作。

黄安娜，广州市法律援助处干部、西南政法大学知识产权法学硕士，参与编制广东省级地方标准《企业知识产权国际合规管理规范》（DB44/T 2361—2022），参与本书中罗马尼亚专利法的翻译工作。

出版说明

重庆知识产权保护协同创新中心和西南政法大学知识产权研究中心于2017年组织开展了"一带一路"建设主要国家知识产权法律法规的翻译工作，形成了这套"'一带一路'国家知识产权法译丛"，凝聚了两个中心众多专家学者的智慧和心血。

本套丛书采用国家分类的编排方式，精选"一带一路"建设主要国家最新的知识产权法律法规进行翻译，包括著作权法、专利法、商标法等，旨在为中国企业、法律工作者、研究人员等提供权威、准确的法律参考，助力"一带一路"建设。然而，由于各国法律体系、文化背景、语言习惯上的差异，其知识产权法律法规的翻译工作也面临着诸多挑战，例如有些国家法律文件的序号不够连贯。有鉴于此，在本套丛书翻译和编辑出版过程中，对遇到的疑难问题、文化差异等，会进行必要的注释说明，帮助读者更好地理解原文。本套丛书翻译过程中始终坚持以下原则。

第一，以忠实原文为第一要义，力求准确传达原文含义，避免主观臆断和随意增减。在翻译过程中，各位译者参考了大量权威法律词典、专业文献和案例，确保术语准确、表述规范。

第二，充分尊重各国法律体系和文化背景的差异，在忠实原文的基础上，尽量保留原文的语言风格和表达方式。

第三，在保证准确性的前提下，力求译文通顺流畅、易于理解，方便读者阅读和使用。

真诚期待各位读者对本套丛书提出宝贵意见。

目　　录 [*]

著作权与邻接权法

---

[*] 此目录由本书收录的法律文件正文提取，序号遵从原文，仅便于读者查阅。——编辑注

著作权与邻接权法

著作权与邻接权法[*]

罗马尼亚著作权与邻接权法（第 8/1996 号法律）❶，2018 年 3 月 27 日第 268 号罗马尼亚官方公报第 1 部分重新公布。

第 1 编　著作权^{**}

第 1 部分　总　　则

第 1 章　一般规定

第 1 条

（1）文学、艺术和科学作品以及其他类似智力创作作品的著作权受本法认可和保护。该权利属于作者，包含人身权和财产权。

（2）智力创作作品，无论是否发表，是否完成，都基于创作受到认可和保护。

（3）本法应当在符合国家关于个人信息处理的法律规定的情况下适用。❷

第 2 条

本法规定的权利并不妨碍和排除其他法律规定提供的保护。

＊　本译本根据世界知识产权组织（WIPO）官网公布的罗马尼亚著作权与邻接权法英语版本翻译。——译者注

＊＊　本书各法律文本的层级的序号排列均遵从原文，未作修改。——译者注

❶　本文根据第 74/2018 号法律第 3 条修改和增补关于第 8/1996 号著作权与邻接权法的规定重新编号并重新公布。

❷　2019 年 1 月 14 日，根据 2019 年 1 月 8 日第 15 号单行法第 1 条的规定，新增罗马尼亚著作权与邻接权法第 1 编第 1 部分第 1 章第 1 条第（3）款，并于 2019 年 1 月 11 日由第 33 号罗马尼亚官方公报发布。

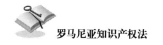

第2章　著作权的归属

第3条

（1）创作作品的自然人是作者。

（2）在法律明文规定的情形下，作者以外的法人和自然人可以从授予作者的保护中受益。

（3）著作权可以依法转让。

（4）依法通过继承或者转让获得著作权的自然人和法人，以及音乐作品与文字作品的出版者，就根据单独协议向其转让的权利而言，作为著作权人受到认可和保护，享有至少获得部分权利收益的权利。

（5）使用人，是指经作者或者权利人许可，向其支付报酬或者赔偿，且并非作为消费者使用作品的自然人和法人。

第4条

（1）如无相反证明，首次发表作品时署名的人为作者。

（2）以匿名或者不能确定作者身份的笔名发表作品的，在作者身份披露以前，著作权应当由经作者同意发表作品的自然人或者法人行使。

第5条

（1）合作作品，是指由多个合作作者共同合作创作的作品。

（2）合作作品的著作权由合作作者共同享有，根据本法规定，其中一名合作作者可以是主要作者。

（3）除另有约定外，合作作者使用作品须经全体作者一致同意。任何合作作者拒不同意的，要有充分理由。

（4）合作作者各自的贡献清楚分明的，合作作品可以分割使用，但不得妨碍合作作品的整体使用或者损害其他合作作者的权利。

（5）利用合作作品所得的收益，合作作者可以按照约定比例获得报酬。没有约定的，按照合作作者的贡献大小进行分配，无法确定时，按照人数平均分配。

第6条

（1）集体作品，是指合作作者个人贡献构成一个整体的作品，该作品的性质使得作品的著作权无法分割单独赋予任何合作作者。

（2）除另有约定外，集体作品的著作权属于发起创作、承担责任并以其名义进行创作的自然人或者法人。

第3章 著作权的客体

第7条

著作权的客体是文学、艺术和科学领域内具有独创性的智力成果，不考虑其创作方式、具体形式或者表达方式，不取决于其价值和目的，例如：

（a）文学和新闻作品、演讲、布道、诉状、致辞及其他书面或者口述作品，以及计算机程序；

（b）书面或者口述形式的科学作品，例如演讲、研究、大学教科书、中小学教科书以及科学项目和文献；

（c）带歌词或者不带歌词的音乐作品；

（d）戏剧和戏剧音乐作品、舞蹈和哑剧作品；

（e）电影作品和其他视听作品；

（f）摄影作品和其他以类似摄影的方法表现的作品；

（g）立体艺术作品，例如雕塑、绘画、素描、雕刻、平版印刷、纪念性艺术、舞台设计、挂毯和陶瓷、玻璃或金属造型的作品，以及实用艺术作品；

（h）建筑作品，包括构成建筑项目的草图、比例模型和图形作品；

（i）地形学、地理学和一般科学领域的立体作品、地图和绘图。

第8条

基于一个或者多个已有作品创作的演绎作品也受著作权保护，但不得损害原作品作者的权利，即：

（a）翻译、改编、注释、纪实作品，音乐编排以及对文学、艺术和科学作品进行的其他任何包含创造性智力劳动的转换；

（b）文学、艺术和科学作品的汇编，例如百科全书、选集，汇编若干受保护或者不受保护的材料或者数据（包括数据库），因对内容进行选择或者编排而构成智力成果。

第9条

下列对象不受著作权法律保护：

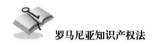

（a）作品中的思想、理论、概念、科学发现、程序、运行方法、数学概念本身和发明，不考虑其想法的采用、撰写、解释或者表达方式；

（b）政策、立法、行政或者司法性质的正式文本及其正式译文；

（c）国家、公共机构和组织的官方标志，如纹章、印章、旗帜、标记、盾牌、徽章和奖章；

（d）付款方式；

（e）新闻和新闻信息；

（f）单纯事实和数据。

第4章 著作权的内容

第10条

作者享有下列人身权：

（a）决定是否发表作品、以何种方式发表作品以及何时发表作品的权利；

（b）要求承认作者身份的权利；

（c）决定以何种名义发表作品的权利；

（d）要求尊重作品的完整性，保护作品不受任何有损其荣誉或者名誉的修改或者歪曲的权利；

（e）收回作品的权利，但行使收回权应当对作品享有使用权利的主体可能受到的损害进行补偿。

第11条

（1）人身权不得放弃或者处分。

（2）作者死亡后，本法第10条（a）项、（b）项和（d）项规定的权利应当依据民事法律的规定由继承人行使，且无期限限制。没有继承人的，由管理作者权利的集体管理组织或者由相关创作领域成员最多的组织行使（视情况而定）。

第12条

作者享有决定是否、以何种方式以及何时使用或者利用其作品的专有财产权，包括授权他人使用作品的权利。

第13条

作者享有明确、专有的财产权，即有权授予或者禁止对作品进行下列使用：

（a）复制作品；

（b）发行作品；

（c）为在国内市场上交易而进口经作者同意制作的作品复制件；

（d）出租作品；

（e）出借作品；

（f）以任何方式直接或者间接地向公众传播作品，包括向公众提供作品，使公众可以在其个人选定的地点和时间获得作品；

（g）通过广播的方式传播作品；

（h）通过有线电视的方式转播作品；

（i）创作演绎作品。

第 14 条

本法所称的复制，是指直接或者间接、临时或者永久地以任何手段和任何形式全部或者部分制作作品的一个或者多个复制件，包括对作品进行录音录像，以及通过电子手段永久或者临时储存作品。

第 15 条

（1）本法所称的发行，是指以有偿或者无偿的方式出售或者以其他任何方式将作品的原件或者复制件进行传播，以及向公众提供。

（2）权利人或者经其同意在国内市场上首次出售或者首次转让作品原件或者复制件的所有权时，发行权不再适用。

第 16 条

本法所称的进口，是指为在国内市场上交易而引入固定在任何有形载体上的作品原件或者合法制作的复制件。

第 17 条

本法所称的出租，是指为了直接或者间接经济或者商业利益，将作品在有限时间内提供给他人使用。

第 18 条

（1）本法所称的出借，是指并非为了直接或者间接经济或者商业利益，

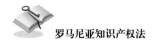

通过机构代理将作品在有限时间内提供给公众使用。

（2）通过图书馆代理出借无须经作者授权，但作者有权获得合理报酬，且该权利不得放弃。

（3）通过教育机构的图书馆以及免费利用的公共图书馆进行出借的，作者不享有第（2）款规定的合理报酬请求权。

（4）录音或者录像等特殊作品的出借，只能在作品首次发行后6个月后进行。

（5）权利人或者经其同意在市场上首次出售或者首次转让作品原件或者复制件的所有权的，出借权仍然适用。

第19条

本法关于出租和出借的规定不适用于下列情形：

（a）建筑项目产生的建筑；

（b）适用于供实际使用的产品的设计作品或者艺术作品原件或者复制件；

（c）为实现向公众传播的目的或者合同使用目的的作品原件或者复制件；

（d）指定用于即时查阅或者机构间出借的参考书；

（e）雇主在业务范围内使用作者依据个人劳务合同创作的作品。

第20条

（1）向公众传播，是指以直接或者通过技术手段，在向公众开放的地方，或者在其他超过一般家庭成员和朋友聚集人数的地方对作品进行传播，包括舞台表演、朗诵或者任何其他对作品进行表演或者直接展示的公开方式，对造型艺术作品、实用艺术作品、摄影艺术作品和建筑作品公开展示，对电影和其他视听作品，包括数字艺术作品公开放映，在公共场所以录音或者录像及其他方式播放广播作品。以有线或者无线方式传播作品，包括通过互联网或者其他计算机网络向公众提供作品，使任何公众能够从个人选择的地点或者时间获得作品，也应当视为向公众传播。

（2）授权或者禁止向公众传播或者向公众提供作品的权利，不因任何向公众传播或者向公众提供作品的行为而用尽。

第21条

本法所称的广播，是指：

（a）广播电台或者电视台以服务于信号、声音或者图像的无线传输或者其数字化呈现的任何方式（包括通过卫星向公众传播）广播作品，以供公众接收；

（b）以电线、电缆、光纤或者其他类似程序（计算机网络除外）传输作品及其表现形式，以供公众接收。

第 22 条

本法所称的有线转播，是指运营商通过第 21 条（b）项规定的方式，或者通过超声波广播系统，将通过有线或者无线（包括卫星）进行初始传输的广播或者电视节目完整不变地进行同步转播，以供公众接收。

第 23 条

本法所称的创作演绎作品，是指翻译、出版作品集、改编以及对已有作品的任何其他转换且其构成智力创作。

第 24 条

（1）图形作品、造型艺术作品或者摄影作品的作者对于原件享有转售权，即在作者首次转让后，有权从该作品的每次转售中获得的净售价中收取一定份额，并有权获知该作品的下落。

（2）第（1）款规定的权利适用于图形作品、造型艺术作品或者摄影作品原件的所有转售行为，该等行为涉及作为卖方、买方或者代理人的艺术展览、艺术画廊以及任何艺术品交易者。

（3）本法中，由作者本人或者经其同意制作的数量有限的艺术作品或者摄影作品的复制件或者原件，视为艺术作品的原件。

（4）根据第（1）款应当支付的款项按下列份额计算，但不超过 12 500 欧元或者等值的列伊：

（a）300—3000 欧元——5%；

（b）3000.01—50000 欧元——4%；

（c）50000.01—200000 欧元——3%；

（d）200000.01—350000 欧元——1%；

（e）350000.01—500000 欧元——0.5%；

（f）500000 欧元以上——0.25%。

（5）卖方应当在出售之日起2个月内告知作者第（1）款所述信息，从净售价中预扣份额，不得另行增加其他费用，并向作者支付根据第（4）款规定应支付的价款。

（6）转售权的受益人或者其代理人可以在转售之日起3年内向第（2）款规定的人要求提供必要信息，以确保根据第（4）款规定支付价款。

（7）转售权不得被放弃或者转让。

第25条

作品的所有人或者占有人负有允许作者接触作品的义务，并在作者行使著作权的必要情形下将作品交由作者处置，但不得由此损害所有人或者占有人的合法利益。在这种情况下，所有人或者占有人可以要求作者为作品的安全提供充分保证，也可以要求作者提供相当于作品原件市场价值的保险和合理报酬。

第26条

（1）作品原件的所有人在将作品以成本价要约出售给作者前，无权将其销毁。

（2）无法归还作品原件的，所有人应当允许作者以适当方式复制作品。

（3）作品涉及建筑结构的，作者仅有权对作品进行拍照，并要求返还项目的复制件。

第5章 著作权的保护期

第27条

（1）文学、艺术和科学作品的著作权自作品创作之时产生，不考虑其具体表现形式或者方式。

（2）作品在一段时间内以分期、分集、分册或者任何其他顺序形式创作的，每部分的保护期限应当按照第（1）款规定分别计算。

第28条

（1）本法第13条和第24条规定的财产权，无论作品何时合法发表，均为作者终生享有，作者死后，根据民事法律由继承人享有70年的财产权保护期。无继承人的，财产权由作者生前授权的集体管理组织行使；无授权的，由相关创作领域成员最多的集体管理组织行使。

（2）著作权保护期届满后，将先前未发表的作品首次合法发表的人享有与作者同等的财产权。财产权的保护期限为 25 年，自首次合法发表之日起算。

第 29 条

（1）以笔名或者匿名方式合法发表作品的，财产权保护期为自发表之日起 70 年。

（2）在第（1）款所述期限届满前向公众透露作者身份，或者作者使用的笔名能够确定作者身份的，适用本法第 28 条第（1）款的规定。

第 30 条

（1）合作作品财产权的保护期为自最后死亡的合作作者死亡之日起 70 年。

（2）合作作者的贡献可以分割的，各部分财产权的保护期为自该部分的作者死亡之日起 70 年。

（3）带歌词的音乐作品，其保护期为自最后死亡的作者（作词人和作曲人）死亡之日起 70 年，无论其是否被称为合作作者，但前提是对带歌词的音乐作品的贡献是专门针对该作品的。

第 31 条

集体作品的财产权保护期为自作品发表之日起 70 年。自创作之日起 70 年内未发表的，财产权保护期为自创作之日起 70 年。

第 32 条

计算机程序的财产权保护期为作者终生；作者死后，根据民事法律由继承人享有 70 年期间。

第 33 条

为了选择或者编排而对作品进行非必要修改、增补、删减或者改编的，以及为了续写作品而以作者希望的方式对作品或者作品集进行修正的，不应

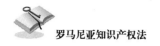

延长作品或者作品集的保护期。

第 34 条

本章规定的保护期应当自作者死亡后次年的 1 月 1 日或者自作品发表之日起算（视情况而定）。

第 6 章　著作权的限制

第 35 条

（1）在下列情形下使用已经发表的作品，无须经过作者许可，也无须支付报酬，但该使用应当符合合理使用的条件，不得违反作品正常利用，并且不得损害作者或者使用权人的利益：

（a）针对司法或者行政诉讼程序复制作品，但应在目的确定的合理范围内；

（b）为分析、评论、批评或者举例的目的简短地引用作品，但应在使用确定的合理范围内；

（c）在出版物、电视或者广播节目、录音录像中专门为教学目的而使用单独文章或者作品的简短摘录，以及公共教育或者社会福利机构为教学目的而复制单独文章或者作品的简短摘录，但应在拟定目的确定的合理范围内；

（d）图书馆、博物馆、电影档案馆、音频档案馆、非营利性的文化档案馆或者科学公共机构，为提供信息或者研究而复制作品的简短摘录；档案馆或者图书馆永久收藏的唯一复制件发生毁损、严重变质或者丢失时，完整地复制一份作品的复制件作为替代；

（e）公共图书馆、教育机构、博物馆或者档案馆进行的并非为了直接或者间接经济或者商业利益的特定复制行为；

（f）不以任何直接接触作品的方式复制、向公众发行或者传播永久位于公共场所的建筑作品、造型艺术作品、摄影作品或者应用艺术作品的图像，但是作品的图像是复制、发行或者传播的主要内容，以及用于商业目的的情形除外；

（g）在教育机构的活动中为特定目的的展示和表演作品，并且该展示或者表演及使用均不向公众收取费用；

（h）在宗教庆祝活动或者公共机构组织的正式庆祝活动中使用作品；

（i）用于广告目的，在有公众参观或者销售的展览会、博览会、艺术作品公开拍卖会中展示作品的图片，但不得超出推介活动的必要范围且不得用于其他商业用途。

（2）在符合第（1）款规定的条件下，允许对下列内容进行复制、发行、广播或者向公众传播，但不得为了直接或者间接经济或者商业利益：

（a）为了解时事对报刊文章和广播或者电视报道进行的简短摘录，但明确保留该使用的除外；

（b）对在公开场合口头表达的演讲、致辞、诉状和其他类似作品进行的简短摘录，但该等使用应仅为了解情况；

（c）在有关时事的报道中对作品进行的简短摘录，但应在报道目的确定的合理范围内；

（d）仅为在教学或者科学研究中提供例证而使用的作品；

（e）为使残疾人获益的作品，该作品与该残疾直接相关并在所需范围内。

（3）短暂或者偶然的临时复制行为，如果其是技术过程中不可分割的重要部分，唯一目的是在网络中通过中间人在第三方之间传播或者合法使用另一受保护客体，且其本身不具有独立经济价值，则不属于复制权的范畴。

（4）对于第（1）款（b）项、（c）项、（e）项、（f）项、（i）项和第（2）款规定的所有情形，必须注明来源，包括作者姓名，但无法注明的除外；对于造型艺术作品、摄影作品或者建筑作品，必须注明原件所在地。

第 35-1 条

（1）出于下列目的之一，可以不经著作权人以及与邻接权人许可，不向其支付报酬，而对作品或者其他客体进行复制、发行、向公众传播、向公众提供、广播、出租和出借，但不得影响该作品的正常利用，也不得损害作者或者权利人的合法权益：

（a）受益人或者代表其行事的人对受益人可以合法获取的受著作权或者邻接权保护的作品或者其他客体制作无障碍格式版，供接受者专用；

（b）被授权实体对接受者可以合法获取的受著作权或者邻接权保护的作品或者其他客体制作无障碍格式版，或者出于非营利目的向公众传播、提供、分发或者出借无障碍格式版，供接受者或其他被授权实体专用。

（2）第（1）款所述"受益人"是指具有下列情况的自然人，不考虑任何其他残疾状况：

著作权与邻接权法

· 13 ·

（a）盲人；

（b）患有视力障碍，无法通过矫正达到与无此障碍的人基本相同的视力功能，因此无法在与无此障碍的人基本相同的程度上阅读印刷作品；

（c）患有认知障碍或者阅读困难，因此无法在与无此残疾的人基本相同的程度上阅读印刷作品；

（d）患有身体残疾，无法手持或者翻阅书本，或者眼睛无法集中或者移动无法达到阅读通常可接受的程度。

（3）在本法中，第（1）款所述用语和表述含义如下：

（a）作品或者其他受保护客体，是指通过图书、期刊、报纸或者其他类型的文章、注释（包括乐谱）和插图的形式，以音频（如有声书）和数字格式等媒介合法发表或者以其他方式向公众提供的受著作权或者邻接权保护的作品。

（b）无障碍格式版，是指采用替代方式或者形式，让接受者能够使用作品或者其他客体，包括让接受者能够与无第（2）款所述障碍或者残疾的人一样切实可行、舒适地使用作品或者其他客体的版本。

（c）被授权实体，是指经成员国授权或者承认，以非营利方式向受益人提供教育、培训、适应性阅读或者信息渠道服务的实体，包括公共机构或者非营利组织，向受益人提供该等服务是其核心活动或者机构职责之一，或者作为其公益使命的一部分。要登记成为被授权实体，须通知罗马尼亚版权局，由其向欧盟集中受理点和由世界知识产权组织国际局设立的信息受理点传达有关信息。

（4）根据第（1）款规定以制作无障碍格式版为目的的，下列行为不受复制权约束：

（a）对受著作权或者邻接权保护的作品或者其他客体进行修改、转换、改编所必要的行为；

（b）为在无障碍格式版中浏览信息提供的必要手段；

（c）如果某一作品或者其他客体的格式对特定受益人而言已经是无障碍的，而对其他受益人而言可能因不同的障碍或者残疾，或者不同程度的障碍或者残疾而无法使用，则可能需要进行的修改。

（5）第（1）款所述使用，必须确保并尊重受著作权或者邻接权保护的作品或者客体的完整性，并适当考虑为使作品或者其他客体能以无障碍格式使用而进行的必要修改。

（6）合同规定旨在取消或者以任何方式限制第（1）款所允许的用途的，均属无效。❶

第 35 - 2 条

（1）开展第 35 - 1 条第（1）款（b）项所述活动的被授权实体在履行下列义务时，有义务制定并遵守明确透明的程序：

（a）仅向受益人或者其他被授权实体发行、传播和提供无障碍格式版；

（b）采取适当措施，阻止未经授权复制、发行、向公众传播或者向公众提供无障碍格式版；

（c）在处理作品或者其他受保护客体及其无障碍版时，表现出应有的注意，并保存此类操作记录；

（d）在其网站上（如属适当）或者通过其他线上或线下渠道，公布和更新关于其如何履行（a）项至（c）项规定义务的信息；

（e）遵守有关受益人个人信息处理的法律规定。

（2）来自罗马尼亚或者欧盟另一成员国境内的受益人或者被授权实体，有权开展第 35 - 1 条第（1）款（b）项所述活动，且从在罗马尼亚境内成立的被授权实体获得作品或者其他受保护客体的无障碍格式版（如可获得）。

（3）罗马尼亚境内的被授权实体，可以向欧盟另一成员国境内的被授权实体请求并获得受著作权或邻接权保护的作品或者其他客体的无障碍格式版，或者根据该国法律规定的条件获得该版本。

（4）应受益人、其他被授权实体或者权利人的要求，开展第 35 - 1 条第（1）款（b）项所述活动的被授权实体应当以无障碍格式提供下列信息：

（a）拥有无障碍格式版的受著作权或者邻接权保护的作品或者其他客体的清单，并说明可用的格式；

（b）与其交换了无障碍格式版的被授权实体名称及联系方式。

（5）一个成员国境内成立的被授权实体向《马拉喀什条约》第三方缔约国出口无障碍格式版，以及由一个成员国境内的受益人或者被授权实体从《马拉喀什条约》第三方缔约国进口该等版本，应当根据由欧洲议会和理事会于 2017 年 9 月 13 日发布的第 2017/1563 号条例进行，该条例关于欧盟和第三

---

❶ 2019 年 1 月 14 日，第 1 编第 1 部分第 6 章根据 2019 年 1 月 8 日第 15 号单行法第 2 条予以增补，该法于 2019 年 1 月 11 日由第 33 号罗马尼亚官方公报发布。

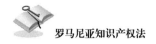

方缔约国之间为盲人、弱视者或者阅读障碍者的利益跨境交换特定作品和其他著作权和邻接权客体的无障碍格式版。❶

第 36 条

（1）就本法而言，未经作者许可，为个人使用或者一般家庭范围内使用而复制作品的，不构成著作权侵权，但前提是该作品已经发表，且复制不违反作品的正常使用，也不损害作者或者使用权人的合法利益。

（2）在第（1）款规定的情形下，对于可以制作录音录像或者复制图形作品的媒体设备，以及用于复制的装置，应当按照本法规定，支付经协商确定的补偿性报酬。

第 37 条

在下列情形中，修改作品无须经作者许可，也无须向作者支付报酬：

（a）修改私下进行且既不打算公开也不向公众提供；

（b）修改的结果是滑稽模仿或者讽刺，只要上述结果不会造成与原作品和作者的混淆；

（c）修改对作者允许的使用目的而言属于必要；

（d）修改是以教学为目的对作品作简评并提及作者。

第 38 条

（1）为了测试产品在制造或者销售时的运行情况，生产或者销售录音录像制品、复制或者向公众传播的设备以及接收广播和电视设备的贸易公司，可以复制和展示作品摘录，但该等操作必须减至测试所需的程度。

（2）为了监督第三方使用自己的作品库，集体管理组织可以通过任何方式监督使用者的活动，无须使用者授权，也无须支付任何费用，允许为此目的和公共利益要求获得主管公共机构依法掌握的信息。

第 39 条

（1）将作品的广播权转给广播电台或者电视广播组织，应使其有权为自

---

❶ 第 1 编第 1 部分第 6 章由 2019 年 1 月 8 日第 15 号单行法第 2 条予以增补，并于 2019 年 1 月 11 日由第 33 号罗马尼亚官方公报发布。

己的广播需要录制作品，以便向公众进行一次授权广播。如果要对录制作品进行新的广播，必须得到作者新的授权，并向作者支付报酬，且作者不得放弃报酬。首次广播后 6 个月内没有请求获得该授权的，必须销毁该录制品。

（2）广播电台或者电视广播组织利用自有设施为其广播而对特定作品进行暂时录制的，可基于其特殊的文献性质，允许将该等录制品保存在官方档案馆。

第 7 章　作者财产权的转让

第 1 节　一般条款

第 40 条

（1）作者或者著作权人仅可通过合同向他人转让其财产权。

（2）作者转让财产权，可以限定具体权利、具体地域范围和具体期限。

（3）作者或者著作权人可以对财产权进行排他性或者非排他性转让。

（4）排他性转让的，著作权人不得以与受让人约定的方式在约定的地域和期限内使用作品，也不得向他人转让相关权利。合同应当明确约定转让的排他性。

（5）非排他性转让的，著作权人可以自己使用作品，也可以向他人转让非排他性使用的权利。

（6）未经转让人明示同意，非排他性转让的受让人不得向他人转让权利。

（7）除另有约定外，转让财产权中的某一项权利，不影响著作权人的其他权利。

（8）受让人是法人，且依法定程序进行变更的，无须第（6）款规定的同意。

第 41 条

除合同另有规定外，转让作品的复制权时，应当推定一并转让作品复制件的发行权，但进口权除外。

第 42 条

（1）财产权转让合同应当说明所转让的财产权，并提及各项权利的利用形式、转让期限和地域范围以及应当支付给著作权人的报酬。缺少其中任何

一项内容，当事人有权申请解除合同。

（2）对作者未来所有作品的财产权的任何转让，无论是否标明，均属无效。

第 43 条

财产权转让合同的存在和内容仅可通过书面形式予以证明，但与报刊使用的作品有关的合同除外。

第 44 条

（1）根据财产权转让合同应支付的报酬，应由双方当事人协商确定。报酬的数额应当按照利用作品所收取款项的一定比例计算，或者一次性付款，或者以任何其他方式计算。

（2）合同没有约定报酬的，作者可以请求主管司法机构依法确定。报酬应根据同一类作品通常支付的金额、利用的目的和期限以及与案件有关的其他情况确定。

（3）作者的报酬与获得财产权转让的人的利润明显不相称的，作者可以请求主管司法机构变更合同或者相应增加报酬。

（4）作者不得事先放弃行使第（3）款规定的权利。

第 45 条

（1）除合同另有约定外，为履行个人雇佣合同中规定的工作职责而创作的作品，其财产权由创作作品的作者享有。在该情况下，作者可以授权第三方使用该作品，但必须征得雇主同意，并对其贡献部分的创作成本支付报酬。雇主在业务范围内使用作品的，无须获得作为雇员的作者的授权。

（2）应当明确规定作者财产权的转让期限。没有明确规定转让期限的，应为自交付作品之日起 3 年。

（3）第（2）款规定的期限届满后，除另有规定外，雇主有权要求作者从因使用作品而获得的收入中支付合理份额，以补偿雇主为雇员在其工作职责范围内创作作品而承担的费用。

（4）第（2）款规定的期限届满后，财产权应归还作者。

（5）根据个人雇佣合同创作的作品，作者应当保留对该作品作为其整个创作的一部分的专有使用权。

第 46 条

（1）除另有约定外，对于在期刊上发表的作品，著作权人保留以任何方式使用该作品的权利，但不得因此损害作品发表其上的期刊的合法权益。

（2）除另有约定外，日报自收到作品后 1 个月内没有刊登的，其他出版物的出版社在收到作品后 6 个月内没有出版的，著作权人可以自由处分该作品。

第 47 条

（1）未来作品的委托创作合同，除另有规定外，财产权属于作者。

（2）未来作品的委托创作合同应当明确约定作品的交付期限和验收期限。

（3）作品不符合约定条件的，委托人有权终止合同。合同终止后，不得要求作者退还已收取款项。为了创作委托创作作品已进行准备工作的，作者有权要求偿还所发生的任何费用。

第 48 条

（1）受让人未能行使或者未能充分行使财产权，严重影响作者合法权益的，作者可以要求解除转让财产权的合同。

（2）受让人未能行使或者未能充分行使财产权是因作者本人、第三人、事故或者不可抗力造成的，作者不得要求解除合同。

（3）财产权转让 2 年期满前，不得要求根据第（1）款规定解除合同。转让给每日期刊的作品，该期限为 3 个月，转让给期刊的作品，该期限为 1 年。

（4）立体作品或者摄影作品的原件所有人有权公开展览作品，即使该作品未发表，但作者在处分原件的文书中明确排除该权利的除外。

（5）作者不得事先放弃行使第（1）款所述的合同解除权。

（6）获得作品载体的所有权，本身并不赋予利用该作品的权利。

第 2 节　出版合同

第 49 条

（1）出版合同是著作权人向出版者转让作品复制权和发行权并获得报酬的文书。

（2）著作权人出资并授权出版者复制以及可能发行作品的合同不构成出

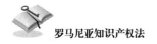

版合同。

（3）在第（2）款所述情形中，应当适用关于公司合同的一般法律规定。

第 50 条

著作权人亦可将授权翻译和改编作品的权利转让给出版者。

第 51 条

将授权他人改编作品或者以任何其他方式使用作品的权利转让给出版者的，应在合同中明确约定。

第 52 条

（1）出版合同应当明确约定下列内容：

（a）转让期限；

（b）转让的排他或者非排他性质、地域范围；

（c）复制件的最少数量和最多数量；

（d）作者依本法享有的报酬；

（e）为作者免费保留的复制件数量；

（f）出版和发行每一版本或者每次印刷的复制件的期限（视情况而定）；

（g）作者交付作品原件的期限；

（h）出版者制作的复制件数量的检验程序。

（2）合同没有约定第（1）款（a）项、（b）项以及（d）项内容的，当事人有权解除合同。

第 53 条

（1）获得图书形式作品著作权的出版者，相对其他类似投标者在同等价格下享有出版电子作品的优先权。出版者应当在收到作者的书面要约后 30 日内以书面形式提交报价。

（2）第（1）款规定的权利有效期为作品发表之日起 3 年。

第 54 条

除合同另有约定外，出版者应当允许作者在新版本中对作品进行改进或者其他修改，但该改进或者修改不得大幅增加出版者的成本或者改变作品的性质。

第 55 条

出版者只有在征得作者同意后方可转让出版合同。

第 56 条

除另有约定外，出版者应当将作品原件、艺术作品和插图的原件以及为出版而收到的其他任何其他材料归还作者。

第 57 条

（1）除另有约定外，出版合同应在其约定期限届满或者最后商定的版本售完时终止。

（2）未售出的版本或者印本少于总数的 5% 或者少于 100 本的，该版本或者印本视为已售完。

（3）出版者未能在约定期限内出版作品的，作者有权根据一般法律规定请求解除合同，并要求支付违约损害赔偿。在该情况下，作者有权保留收到的任何报酬或者要求支付合同中约定的全部报酬（视情况而定）。

（4）合同中未约定作品出版期限的，出版者应当自接受作品后不超过 1 年的时间内出版。

（5）出版者意图在自出版之日起 2 年后销毁库存复制件，且合同中没有约定其他期限的，出版者应当先将其提供给作者。

第 58 条

（1）作品因不可抗力的原因毁损的，只有在作品出版的情况下，作者才有权获得报酬。

（2）已准备好的版本在发行前因不可抗力的原因全部毁损的，出版者有权准备新的版本，而作者仅有权就其中一个版本获得报酬。

（3）已准备好的版本在发行前因不可抗力的原因部分毁损的，出版者有权制作与毁损等量的复制件，且无须向作者支付报酬。

第 3 节　戏剧或者音乐表演合同

第 59 条

（1）著作权人通过戏剧或者音乐表演合同，向自然人或者法人转让已有

的或者将来的文学、戏剧、音乐、曲艺、舞蹈或者哑剧作品公开表演或者展现的权利，以换取报酬的，受让人有义务按照约定的条件表演或者展现。

（2）著作权人可以通过集体管理组织订立戏剧或者音乐表演通用合同，但必须符合本法第 162 条（c）项规定的条件。

第 60 条

（1）戏剧或者音乐表演合同应当以书面形式签订，并明确约定合同期限或者向公众表演的具体次数。

（2）合同应当明确约定作品首次表演或者独家播放的（视情况而定）、转让的排他或者非排他性、覆盖地区或者地域以及应当向作者支付的报酬。

（3）合同没有约定其他期限，连续 2 年中止表演的，作者有权根据一般法律规定要求解除合同并获得违约损害赔偿。

（4）未经作者或者其代理人（如适用）的书面同意，戏剧或者音乐表演合同的受益人不得将合同权利转让给作为娱乐组织者的第三方，但将其活动全部或者部分一并转让的除外。

第 61 条

（1）受让人应当允许作者监督作品的表演，并提供足够的支持，以确保表演所需技术条件得到满足。除合同另有规定外，受让人同样应当将节目单、海报和其他印刷材料以及就表演发表的评论送交作者。

（2）受让人应当确保在适当的技术条件下公开表演作品，并且尊重作者的权利。

第 62 条

（1）受让人应当定期告知著作权人戏剧或者音乐表演的次数以及收入情况。为此，戏剧或者音乐表演合同还应当明确约定告知的间隔时间，但 1 年不得少于 1 次。

（2）受让人应当在合同约定的期限内向作者支付约定数额的报酬。

第 63 条

受让人未能在规定期限内表演作品的，作者有权根据一般法律规定解除合同并请求违约损害赔偿。在该情况下，作者有权保留收到的报酬或者要求支付合同中规定的全部报酬（视情况而定）。

第4节　租赁合同

第 64 条

（1）在作品租赁合同中，作者承诺在规定期间内允许使用其作品原件或者复制件中的至少一件，特别是计算机程序或者以录音录像为载体的作品。

租赁权受让人承诺在作品使用期间内向作者支付报酬。

（2）作品租赁合同应当受有关租赁合同的一般法律规定调整。

（3）除另有约定外，作者仍然享有租赁作品除发行权以外的其他著作权。

第 2 部分　特别条款

第8章　电影作品和其他视听作品

第 65 条

视听作品，是指电影作品、以类似摄制电影的方法创作的作品、其他以有伴音或者无伴音的动态画面创作的作品。

第 66 条

（1）视听作品的导演或者制作者，是指依据与制片人订立的合同，以主要作者的身份监督视听作品的创作和制作的自然人。

（2）视听作品的制片人，是指对作品制作负责并以此身份组织作品的制作和提供必要技术和资金的自然人或者法人。

（3）制作视听作品的，制片人和主要作者必须通过书面形式订立合同。

第 67 条

根据本法第 5 条的规定，视听作品的作者，是指导演或者制作者、改编作品、剧本、台词和为视听作品专门创作的乐曲的作者，以及创作动画作品或者动画片的图形材料的作者，只要其构成作品的实质组成部分。制片人与视听作品的导演或者制作者可以在合同中协商一致，将对作品创作作出实质贡献的其他创作者列为作者。

第 68 条

（1）前条所指的作者之一拒绝完成其对视听作品的参与部分，或者受阻无法完成的，该作者不得反对将其用于完成上述作品，但其有权就其参与的完成部分获得报酬。

（2）视听作品的最终版本经主要作者和制片人一致同意后，应视为已经完成。

（3）禁止销毁体现视听作品最终版本并构成标准拷贝的原始介质。

（4）除主要作者外，其他视听作品的作者无权反对发表或者以任何方式利用视听作品最终版本。

第 69 条

（1）视听作品改编权，是指已有作品的著作权人将其改编为视听作品或者将其纳入视听作品的专有权利。

（2）著作权人与视听作品的制片人只有通过订立出版合同以外的书面合同，才能转让第（1）款规定的权利。

（3）已有作品的著作权人依据改编合同向制片人转让将作品改编为视听作品或者将其纳入视听作品的专有权利。

（4）已有作品的著作权人在授权时，应当明确说明视听作品制作、发行和放映的条件。

第 70 条

只有本法第 67 条规定的作者才享有已完成作品的人身权。

第 71 条

（1）除另有规定外，视听作品的作者与制作者签订合同的，应推定他们将第 13 条规定的作品整体使用的专有权利以及授权配音和制作字幕的权利转让给制作者，并获得合理报酬，但特别创作音乐的作者除外。

（2）除另有规定外，视听作品的作者以及参加创作的其他作者应保留单独使用自己创作部分的所有权利，有权在符合本法规定条件的情况下，授权和/或禁止使用该特定部分以外的全部或者部分内容，如将电影作品片段用于广告，而非用于作品宣传。

第 72 条

（1）除另有约定外，视听作品每种利用方式的报酬应当与该利用方式的总收入成正比。

（2）制作者应当定期向作者提交按每一种利用方式获得的收益情况。作者有权通过制作者或者直接从使用者获得应有的报酬，或者根据著作权集体管理组织与使用者签订的一般合同，再次通过该组织获得报酬。

（3）除另有约定外，制作者在合同订立后 5 年内未能完成视听作品，或者在完成后 1 年内未能发行上述作品的，合作作者可要求解除合同。

第 9 章　计算机程序

第 73 条

（1）本法对计算机程序的保护，包括对以任何一种语言表达的程序、应用程序和操作系统的任何表达（无论是源代码还是目标代码）、预备设计材料和手册。

（2）计算机程序中任何要素所依据的程序、操作方法、数学概念和原理，包括其界面所依据的程序、操作方法、数学概念和原理，不受保护。

第 74 条

（1）计算机程序的作者以类推方式享有本法本编第 1 部分规定的权利，特别是实施和许可下列事项的专有权利：

（a）通过任何方式和形式，临时或者永久复制程序的全部或者部分，包括因加载、显示、传输或者储存程序而必须进行的复制；

（b）对计算机程序进行翻译、改编、安排和任何其他改动，包括对这些操作结果进行复制，但不得损害程序改动者的合法权益；

（c）以任何形式发行和出租计算机程序的原件或者复制件。

（2）权利人或者经权利人同意，在国内市场上首次销售计算机程序复制件后，则授权在国内市场发行该复制件的专有权利用尽。

第 75 条

除另有约定外，一个或者多个雇员在其职责范围内或者根据其雇主的指

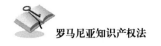

示创作的计算机程序，雇主享有财产权。

第76条

（1）除另有约定外，计算机程序使用合同应当含有下列规定：

（a）使用者享有该程序的非排他性使用权；

（b）使用者不得向他人转让该程序的使用权。

（2）转让计算机程序的使用权并不意味着同时转让该程序的著作权。

第77条

除另有约定外，第74条第（1）款（a）项和（b）项规定的行为，如果是为了让获取者以符合其目的的方式使用计算机程序，包括纠正错误，可以不经著作权人许可。

第78条

（1）计算机程序的授权使用者在使用该程序的必要情况下，可以不经作者许可制作一份存档或者保留副本。

（2）计算机程序副本的授权使用者可以不经著作权人许可，观察、研究或者测试程序的运行情况，以确定在将程序载入存储器或者显示、转换、传输或者存储程序时其任何要素所依据的原理和思想，授权使用者有权进行该等操作。

（3）本法第10条（e）项的规定不适用于计算机程序。

第79条

复制代码或者转换代码形式对于获取计算机程序与其他计算机程序的互操作性所需的信息是必不可少的，可以不经著作权人许可，但应当满足下列条件：

（a）转换和复制行为是由拥有程序复制件使用权的人进行的，或者由一个人以该人的名义进行的，并为此得到了适当的许可；

（b）本条（a）项所述人员不能随时和迅速获取互操作性所需的信息；

（c）本条（a）项所述行为只限于互操作性所需的程序部分。

第 80 条

根据第 79 条所获得的信息不得用于下列情形：

（a）为实现独立创作的计算机程序的互操作性以外的目的；

（b）向他人传播，但该传播被证明对独立创作的计算机程序的互操作性是必要的除外；

（c）开发、生产或者销售表达方式基本相似的计算机程序，或者用于任何其他可能损害作者权利的行为。

第 81 条

第 79 条和第 80 条规定的适用，不得损害著作权人的合法权益，妨碍计算机程序的正常使用。

第 82 条

本编第 6 章的规定不适用于计算机程序。

第 10 章　立体艺术作品、建筑作品和摄影作品

第 83 条

组织艺术展览的自然人或者法人，应当对展出作品的完整性负责，并采取必要措施以消除任何风险。

第 84 条

（1）艺术作品复制合同应当包含识别作品的信息，例如简要说明、草图、图纸、照片以及作者签名参考。

（2）复制件应当提交著作权人审查，未经著作权人同意的复制件不得出售。

（3）作品所有复制件都应当附有作者的姓名、笔名或者其他可识别作品的标志。

（4）除另有约定外，复制件制作者应当将用于制作复制件的原件和其他材料归还给所有人。

（5）除另有约定外，专为复制作品而制作的工具不属于著作权人的，必

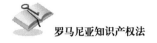

须将其销毁或者使其无法使用。

第 85 条

（1）除合同另有约定外，在建筑作品现场附近展示的建筑和城市规划研究报告和项目，以及所进行的相应建筑工程，必须在明显的地方通过书面告示写明作者的姓名。

（2）全部或者部分基于另一个项目的建筑作品，只有经过该项目著作权人的同意后方可施工。

第 86 条

（1）电影胶片的静态照片视为摄影作品。

（2）信件、契据、任何类型的文件、技术图纸和其他类似材料的照片，不受著作权保护。

第 87 条

（1）摄影作品的作者有权利用自己作品，但不得损害摄影作品中被拍摄的艺术作品作者的权利。

（2）除合同另有约定外，根据个人雇佣合同或者委托合同创作的摄影作品，推定财产权由雇主或者委托人享有，有效期为 3 年。

（3）除合同另有约定外，处分摄影作品的底片应当产生转让该作品著作财产权的效力。

第 88 条

（1）除另有约定外，按要求拍摄的人物照片，被拍摄者或者其继承人可不经作者同意，将照片进行发表和复制。

（2）照片原件上出现作者姓名的，复制件上也应当注明作者姓名。

第 11 章　保护肖像、信件收件人和信息来源的秘密性

第 89 条

（1）使用含有肖像的作品，需要在罗马尼亚民法典第 73 条、第 74 条和第 79 条规定的条件下，征得该肖像权人的同意。根据罗马尼亚民法典第 79

条的规定，肖像权人死后 20 年内，未经肖像权人的继承人同意，作者、所有权人或者占有人不得复制或者使用该作品。

（2）如无相反条款，肖像中的人物是专业模特或者为肖像摆姿势而获得报酬的，使用作品不需要获得肖像权人的同意。根据罗马尼亚民法典第 76 条的规定，推定肖像权人同意。

第 90 条

使用写给他人的信件，需要征得收件人的同意，收件人死后 20 年内应当取得继承人的同意，但收件人有其他意愿的除外。在所有情况下，罗马尼亚民法典第 71 条第（1）款和第（2）款、第 72 条、第 74 条和第 79 条同样适用。❶

第 91 条

肖像权人和收件人可以行使本法第 10 条（d）项规定的发行载有肖像或者信件的作品的权利（视情况而定）。

第 92 条

（1）应作者的要求，出版者或者制作人应当对作品中使用的信息来源进行保密，不得对外公开涉及上述信息的文件。

（2）解除保密应当征得保密请求人的同意或者根据终审判决。

第 2 编　邻接权和特别权利

第 1 章　一般条款

第 93 条

（1）邻接权不得损害作者的权利。本编项下的规定均不得被解释为限制著作权的行使。

（2）本编规定的财产权可以类推适用本法第 40 条至第 44 条的规定进行全部或者部分转让。该等权利可以进行排他性或者非排他性转让。

---

❶　参见第 287/2009 号罗马尼亚民法典，于 2011 年 7 月 15 日由第 505 号罗马尼亚官方公报第 1 部分公布。

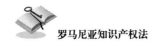

第 94 条

表演者对自己的表演，录音制品制作者对自己的录音制品，以及广播电台、电视台对自己播放的广播、电视享有邻接权，并受到法律保护。

第 2 章　表演者权

第 95 条

本法所称的表演者，是指演员、歌唱家、音乐家、舞蹈家和其他展示、演唱、舞蹈、朗诵、宣读、表演、解读、指导、指挥或者以任何其他方式表演等方式表演文学或者艺术作品的自然人，包括民俗表演、综艺、马戏表演或者木偶戏等。

第 96 条

表演者享有下列人身权：

（a）表明表演者身份的权利；

（b）在每次演出、每次使用或者录制表演时表明其姓名或者艺名的权利；

（c）要求尊重其表演的质量，反对任何对其表演的歪曲、伪造或者其他实质性修改，或任何可能严重损害其荣誉或者声誉的侵权行为的权利。

第 97 条

（1）本法第 96 条规定的权利，表演者不得放弃或者转让。

（2）第 96 条规定的权利不受保护期限制，在表演者死亡后，应当根据民事法律的规定通过继承的方式发生转移。没有继承人的，应当由管理表演者权的集体管理组织或者由在该领域成员人数最多的组织行使上述权利。

第 98 条

（1）表演者享有独占性财产权，有权许可或者禁止下列行为：

（a）固定解读或者表演；

（b）复制已固定的表演；

（c）发行已固定的表演；

（d）出租已固定的表演；

（e）出借已固定的解读或者表演；

（f）为在国内市场销售而进口已固定的表演；

（g）广播和公共传播表演，但表演已经被固定或者广播的除外；

（h）在（g）项规定的情况下，表演者仅有权获得合理报酬；

（i）向公众提供表演或者表演解读，使其可在公众单独选择的任何时间和地点获得；

（j）通过有线转播已固定的表演。

（2）本法所称的固定，是指将声音、图像或者声音和图像的数字化呈现纳入任何类型的物理媒介，使其能够通过设备的辅助帮助被感知、复制或向公众传播。

（3）第（1）款（g）项规定的合理报酬，应当根据第 163 条至第 165 条、第 168 条规定的程序确定和收取。

（4）第 14 条至第 18 条、第 20 条第（1）款、第 21 条和第 22 条规定的定义，类推适用于本条第（1）款规定的权利。

第 99 条

（1）就本法而言，数项单独表演构成一个整体，鉴于表演的性质，无法将单独的权利归于任何参与表演的人，作品的表演是集体表演。

（2）为了行使第 98 条规定授权的专有权利，集体参与表演的表演者，如音乐团体、合唱团、管弦乐队、芭蕾舞团或者剧团的成员，应当以书面形式从其中间授权一名作为代表，但须经多数成员同意。

（3）导演、指挥和独奏者不受第（2）款规定的限制。

第 100 条

在表演者根据个人雇佣合同进行表演的情况下，第 98 条规定的财产权可以转让给雇主，条件是在个人雇佣合同中明确提及该转让。

第 101 条

除另有规定外，应当推定参与制作视听作品、录音录像制品的表演者，以合理报酬将复制、发行、进口、出租和出借已固定表演的专有权利转让给制作者。

第 102 条

（1）表演者的财产权保护期，为自首次表演之日起 50 年，但下列情况除外：

（a）在该期限内，在录音制品以外的载体上固定表演，并合法出版或者向公众传播的，权利保护期为自首次出版或者首次向公众传播之日起 50 年，以较早者为准；

（b）在该期限内，在录音制品上固定表演，并合法出版或者向公众传播的，权利保护期为自首次出版或者首次向公众传播之日起 70 年，以较早者为准。

（2）第（1）款规定的期限自权利产生之日起次年 1 月 1 日起算。

第 103 条

（1）在录音制品合法出版 50 年后，或者在没有出版的情况下向公众合法传播 50 年后，录音制品的制作者没有为销售提供足够数量的录音制品，或者没有通过电线或者电缆向公众提供录音制品，使公众可以在其自行选择的地点和时间单独获取的，表演者可以终止向录音制品制作者转让固定表演权利的合同（以下简称"转让合同"）。

（2）表演者根据第（1）款的规定通知终止转让合同的意向 1 年内，制片人可以行使终止转让合同的权利，通知表演者终止转让合同的意向，并进行第（1）款规定的两项利用活动。

（3）表演者不得放弃终止合同的权利。

（4）录音制品上录有多个表演者的表演的，其有权依照相关国内法终止转让合同。转让合同根据本条规定终止的，录音制品制作者对该录音制品的权利即告终止。

（5）转让合同约定表演者有权获得单一报酬的，表演者有权自录音制品合法出版后的第 50 年，或者在没有出版的情况下，向公众合法传播后的第 50 年，随后的每一年从录音制品制作者处获得额外年度报酬。

（6）表演者不得放弃获得额外年度报酬的权利。

（7）录音制品制作者用于支付第（5）款所述额外年度报酬的总额，应当相当于该录音制品制作者前一年收入的 20%。自录音制品合法出版后的第 50 年后，或者在没有出版的情况下，向公众合法传播后的第 50 年后，从复制、发行和提供录音制品中支付报酬。

（8）录音制品制作者必须要求向有权获得额外年度报酬的表演者提供任何必要的信息，以确保该报酬的支付。

（9）第（1）款规定的获得额外年度报酬的权利，应当符合第（5）款的规定并由集体管理组织管理。

（10）表演者有权按照分期支付的方式获得报酬的，自录音制品合法出版后的第50年后，或者在没有出版的情况下，向公众传播后的第50年后，不得从支付给表演者的报酬中扣除预付款或者合同中规定的扣减额。

第3章　录音制品制作者的权利

第104条

（1）本法所称的录音或者录音制品，是指任何对完全来自解释或者表演作品的声音或者其他声音进行固定或者数字化呈现，但不包括纳入电影作品或者其他视听作品的声音固定形式。

（2）无论录音制品是否构成本法规定的作品，录音制品的制作者是指对首次固定声音主动承担组织、资助责任的自然人或者法人。

第105条

复制、发行录音制品，制作者有权在封面、包装盒和其他实体包装材料等物理媒介上，除了提及作者和表演者，还可以注明作品的名称、首次出版的年份、商标以及制作者的姓名和名称。

第106条

（1）在符合第93条第（1）款规定的条件下，录音制品制作者享有独占性财产权，有权许可或者禁止下列行为：

（a）以任何方式和形式复制录音制品；

（b）发行录音制品；

（c）出租录音制品；

（d）出借录音制品；

（e）为国内市场销售目的，进口合法制作的录音制品的复制件；

（f）广播和公开传播录音制品，但为商业目的出版的录音制品除外，在

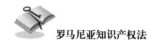

该情况下，录音制品制作者仅有权获得合理报酬；

（g）向公众提供录音制品，使其可以在公众单独选择的任何地点和时间获得录音制品；

（h）有线转播录音制品。

（2）第 14 条至第 18 条、第 20 条第（1）款、第 21 条和第 22 条规定的定义类推适用于本条第（1）款规定的权利。

（3）录音制品制作者享有独占性财产权，可以禁止他人进口未经许可制作的录音制品复制件。

（4）本条第（1）款（e）项的规定不适用于自然人基于非商业目的在法律允许的个人行李中进行的进口。

第 107 条

（1）录音制品制作者的权利保护期为自首次固定之日起 50 年。但是，在该期限内合法出版或者向公众传播录音制品的，权利保护期为自首次出版或者首次向公众传播之日起 70 年。

（2）第（1）款规定的期限自权利产生之日起次年 1 月 1 日起算。

第 4 章　录像制品制作者的权利

第 108 条

（1）本法所称的录像制品，是指对视听作品或者一系列有伴音或者无伴音的动态画面以任何方法和媒介进行的固定。

（2）录像制品制作者，是指主动承担责任组织和实现首次固定视听作品或者一系列有伴音或者无伴音的动态画面，并以此身份提供必要的技术和资金的自然人或者法人。

第 109 条

复制和发行录像制品，制作者有权在封面、包装盒和其他实体包装材料等物理媒介上，除了标明作者和表演者，还可以注明作品的名称、首次出版的年份、商标以及制作者的姓名和名称。

第 110 条

（1）录像制品制作者享有独占性财产权，有权许可或者禁止下列行为：

（a）以任何方式和形式复制录像制品；

（b）发行录像制品；

（c）出租录像制品；

（d）出借录像制品；

（e）为国内市场销售目的，进口合法制作的录像制品；

（f）广播和公开传播录像制品；

（g）向公众提供录像制品，使其可以在公众单独选择的任何地点和时间获得录像制品；

（h）有线转播录像制品。

（2）第 14 条至第 18 条、第 20 条第（1）款、第 21 条和第 22 条规定的定义类推适用于本条第（1）款规定的权利。

第 111 条

（1）录像制品制作者的财产权保护期为自首次固定之日起 50 年。但是，在该期限内合法出版或者向公众传播录像制品的，财产权保护期为自首次出版或者首次向公众传播之日起 50 年。

（2）第（1）款规定的期限自权利产生之日起次年 1 月 1 日起算。

第 5 章　关于作者、表演者和录音录像制品制作者权利的一般条款

第 112 条

（1）直接或者间接使用为商业目的出版的录音制品或者通过广播等方式向公众传播录音制品复制件的，录音制品的表演者和制作者有权获得一次性合理报酬。

（2）报酬数额应当根据第 163 条至第 165 条规定的方法确定。

（3）一次性报酬的收取应当符合第 168 条规定的条件。

（4）受益人的集体管理组织通过向罗马尼亚版权局提交协议，确定两类受益人之间的报酬分配比例。受益人未能在相关方法生效之日起 30 日内向罗马尼亚版权局提交协议的，报酬应当在两类受益人之间平均分配。

（5）就本法而言，通过销售或者通过有线或者无线方式向公众提供录音制品，使公众可以在其选定的地点和时间获得录音制品的，应当被视为出于商业目的而出版。

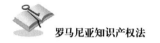

第 113 条

权利人或者经权利人同意，在国内市场首次销售或者首次转让录音录像制品的原件或者复制件的所有权时，发行权用尽。

第 114 条

（1）在第 36 条第（1）款规定的条件下，对于能够通过录音或者录像在任何类型的媒介上复制的作品，以及能够直接或者间接在纸上复制的作品，其作者有权与出版者、制作者和表演者一起，根据第 36 条第（2）款的规定，获得私人复制的补偿性报酬。受益人不得放弃获得私人复制的补偿性报酬的权利。

（2）无论复制过程是模拟的或者数字化的，第 36 条第（2）款规定的物理媒介和设备的制造商和进口商都应当支付私人复制的补偿性报酬。

（3）第 36 条第（2）款规定的物理媒介和设备的进口商和制造商，应当在罗马尼亚版权局和国家私人复制登记处进行登记，并且只有事先从罗马尼亚版权局获得登记证书的情况下，才能进行上述进口和生产活动。该证书由罗马尼亚版权局根据合法说明的活动目标和贸易登记处的唯一登记证书等证据，在提交后 5 日内颁发。

（4）每 3 年在一个由下列人员组成的委员会内，对需要支付私人复制补偿性报酬的物理媒介和设备的清单以及补偿金数额进行协商：

（a）由各主要集体管理组织派出一名代表，负责主张各自的权利；

（b）由物理媒介和设备的制造商和进口商的行业协会各派一名代表，由营业额和市场份额排名前三位的物理媒介和设备的制造商和进口商再各派一名代表，但必须由罗马尼亚版权局向其说明职责。

（5）为了按照第 163 条第（2）款至第（5）款规定的程序启动谈判，集体管理组织、物理媒介和设备的制造商及进口商的行业协会应当向罗马尼亚版权局提交申请，其中应当包括物理媒介和设备的清单，根据罗马尼亚版权局局长的决定，该申请以及协商的报酬数额将在罗马尼亚官方公报第 1 部分予以公布。该清单分为两个部分，一是用于录音和录像领域的设备和物理媒介，二是用于图形领域的设备和物理媒介，并由两个委员会分别进行谈判。

（6）报酬按照百分比计算，对于进口商而言，当生产商将产品投入流通时是按海关价值，即不含增值税的发票价值来计算，当生产商将产品投入流通时，应当在进口后的下一个月或者发票日期支付。

（7）双方协商的报酬应当按百分比计算，根据第36条第（2）款规定，对提供的设备、物理媒介以及用于复印机的A4纸页和数字化支持支付报酬。

（8）私人复制的报酬应当按照第（6）款规定价值的百分比计算，具体如下：

（a）复印机用A4纸：0.1%；

（b）其他物理媒介：3%；

（c）设备：0.5%。

（9）为确定应当支付补偿性报酬的物理媒介和设备清单，罗马尼亚版权局在罗马尼亚官方公报第1部分谈判请求公布之日起15日内召开谈判。

第115条

私人复制的补偿性报酬，由针对录音录像制品复制的作品的集体管理组织和由针对纸质复制的作品的集体管理组织，根据第168条第（6）款至第（8）款规定的条件，作为唯一收取人收取。履行唯一收取人职责的两个集体管理组织，由受益的集体管理组织在第一次召集时的多数票，或者第二次召集时出席者的多数票指定。通过投票指定的集体管理组织将向罗马尼亚版权局提交其据以被指定的程序记录。自提交之日起5个工作日内，根据罗马尼亚版权局局长决定任命作为唯一收取人的集体管理组织，该决定应在罗马尼亚官方公报第1部分公布。

第116条

（1）由作为唯一收取人的集体管理组织收取的私人复制的补偿性报酬，按照下列方式向受益人分配：

（a）如果是类似录制录音制品的物理媒介和设备，报酬的40%应当以可转让份额的方式支付给录音作品的作者和出版者，30%支付给表演者，剩余的30%支付给录音制作者；

（b）如果是通过类似录制录像制品的物理媒介和设备，报酬应当在作者、表演者和制作者之间平均分配；

（c）如果是通过其他类似方式录制复制件的任何类型的物理媒介，报酬应当在（a）项、（b）项和本项规定的三类受益人之间平均分配，并在每一类受益人中根据上述各项规定进行分配。

（2）如果是类似纸质复制件，报酬应当在作者和出版者之间平均分配。出版者应得的款项只能通过出版者协会之间的协议进行分配，协议包括分配的标准以及每个协会应得的份额。出版者协会必须符合罗马尼亚版权局局长决定的条件才能参与分配协议的协商。

第 117 条

将国内制作或者进口的未进行录制的视频、音频或者数字物理媒介成批出售给视听制品、录音制品制作者或者用于自己广播的电视广播组织，不应支付私人复制的补偿性报酬。

第 118 条

第 114 条的规定不适用于在法律允许的个人行李中携带非商业目的的物理媒介和复制设备的进口行为。

第 119 条

（1）作者或者表演者将录音制品或者录像制品的出租权或者出借权转让给录音制品或者录像制品的制作者的，作者或者表演者应当保留获得公平报酬的权利。

（2）作为受益人的作者或者表演者不得放弃获得公平的出租报酬的权利。

（3）作者和表演者有权根据与制作者签订的合同，直接从制作者处获得应得报酬，或者根据报酬受益人与制作者之间的合同，仅通过集体管理组织从使用者处获得报酬。

第 120 条

第 35 条至第 39 条中有关权利行使的限制规定，应当同样适用于与著作权有关的权利人。

第 121 条

权利人依照法律的规定因他人利用而获得强制性报酬的，权利人不得反对该利用。

第 122 条

（1）第 7 条、第 8 条和第 104 条第（1）款所述作品或者录音制品，经勤勉检索并查询著作权人登记，仍然难以确认著作权人身份或者确认一个或者多个著作权人身份但无法联系的，应被认定为孤儿作品。

（2）孤儿作品的法律地位应适用于下列在成员国内首次发表，或者在未发表的情况下，在成员国内首次广播的受著作权保护的作品和录音制品：

（a）可供公众使用的图书馆、教育机构或者博物馆收藏的，以及档案馆、电影或者声音遗产机构收藏的，以图书、期刊、报纸或者其他著作形式存在的作品；

（b）可供公众使用的图书馆、档案馆、教育机构或者博物馆收藏的，以及档案馆、电影或者声音遗产机构收藏的，以电影、视听作品和录音制品形式存在的作品；

（c）公共电视广播组织在 2002 年 12 月 31 日前（包括该日）制作并存档的电影、视听作品和录音制品；

（d）本款（a）项至（c）项所述作品和录音制品，如果从未发表或者广播，经权利人同意，可以由第 123 条第（1）款所述机构向公众提供，但必须有理由推定权利人不会反对第 123 条所述使用；

（e）集成或者纳入本款（a）项至（d）项所述作品或者录音制品的作品和其他客体，或者构成其不可分割的一部分。

（3）著作权人身份随后被确认或者取得联系的，该作品或者录音制品不再是孤儿作品。

（4）作品或者录音制品存在一个以上的权利人，但无法确认所有权利人的身份，或者即使确认身份，经过勤勉检索未能取得联系，也没有按照第 125 条的规定进行登记，则该作品或录音制品可以按照第 14 条和第 20 条的规定进行使用，条件是身份被确认和取得联系的权利人已经将其所持有的权利授权第 123 条第（1）款所述机构进行复制并且向公众提供。

（5）第（1）款的规定不应损害身份已经被确认或者已经取得联系的作品或者录音制品权利人的权利。

（6）以匿名或者笔名方式发表的作品，不适用孤儿作品的规定。

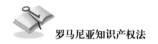

第 123 条

（1）图书馆、教育机构和向公众开放的博物馆，以及档案馆、电影或者声音遗产机构和公共广播电视组织，使用孤儿作品或者录音制品的，可以通过下列方式以实现与其公共利益使命有关的目标：

（a）通过第 20 条的方式向公众传播；

（b）通过第 14 条的方式为实现数字化、向公众传播、编制索引、编目、保存或者修复的目的进行复制；

（2）第（1）款所述机构只能为实现公共利益使命有关的目标而使用孤儿作品，特别是保护其收藏的作品和录音制品，对其进行修复，以及为实现文化和教育目的向公众提供。该等机构可以从使用孤儿作品中获得收入，其唯一目的是支付数字化费用和向公众提供该等作品。

（3）第（1）款所述机构使用孤儿作品时，均应当指明已知作者和权利人的姓名。

（4）本法的规定不得损害第（1）款所述机构在履行公共利益使命时享有的合同自由，尤其是对于公私合作协议。

（5）结束其作品或者录音制品孤儿作品地位的著作权人，有权请求第（1）款所述机构对作品或者录音制品的使用支付合理补偿。

（6）第（5）款所述合理补偿数额应当根据作品或者录音制品制作的复制件的数量来确定。

第 124 条

（1）为确认孤儿作品的状态，第 123 条第（1）款所述机构应当确保对每件作品或者录音制品进行勤勉和善意的检索，对每类有关作品或者录音制品查阅适当信息。

（2）在使用作品或者录音制品前，必须进行勤勉检索。

（3）有迹象表明可能在其他国家找到著作权人的相关信息的，也应当查询该等国家可以找到的信息来源。

（4）第（1）款所述信息来源，应当根据罗马尼亚版权局局长的决定，在与著作权人和使用者协商后，针对每一类作品或者录音制品，在罗马尼亚官方公报第 1 部分进行公布。

（5）对于已出版的图书，来源应当包含下列内容：

（a）图书馆和其他机构馆藏的法定送存、图书馆目录和权威性档案；

（b）相关国家的出版者协会和作者协会；

（c）现有的数据库和登记簿，例如作者、艺术家和其著作权人（Writers Artists and their Copyright Holders，WATCH）、国际标准书号（International Standard Book Number，ISBN）和印刷书籍的数据库；

（d）相关集体管理组织的数据库，尤其是复制权的代表组织；

（e）整合多个数据库和登记簿的来源，包括虚拟国际机构档案（Virtual International Authority Files，VIAF）、著作权信息和孤儿作品登记系统（Accessible Registries of Rights Information and Orphan Works，ARROW）。

（6）对于报纸、学报和期刊，来源应当包含下列内容：

（a）用于系列出版物的国际标准连续出版物号（International Standard Serial Number，ISSN）；

（b）图书馆馆藏的索引和目录；

（c）法定送存；

（d）相关国家的出版者协会、作者协会和记者协会；

（e）相关集体管理组织的数据库，包括复制权的代表组织。

（7）对于视觉作品，即美术、摄影、插图、设计和建筑类别的作品，以及此类作品的草图和其他出现在图书、期刊、报纸或者其他作品中的此类作品，来源应当包含下列内容：

（a）第（5）款和第（6）款所述来源；

（b）集体管理组织的数据库，尤其是视觉作品，包括复制权的代表组织；

（c）图像机构的数据库（如适用）。

（8）对于视听作品和录音制品，来源应当包含下列内容：

（a）法定送存；

（b）相关国家的制作者协会；

（c）电影、声音遗产机构（如适用）以及国家图书馆的数据库；

（d）相关标准和标识的数据库，例如视听作品的国际标准视听作品编码（International Standard Audiovisual Number，ISAN）、音乐作品的国际标准音乐作品编码（International Standard Music Work Code，ISWC）和录音制品的国际标准录音编码（International Standard Recording Code，ISRC）；

（e）相关集体管理组织的数据库，尤其是针对作者、表演者、录音制品制作者和视听作品制作者的；

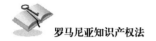

（f）作品外包装上的名称和其他信息；

（g）代表特定类别权利人的相关协会的数据库。

（9）勤勉检索应当在作品首次出版的成员国中进行，没有出版的，应当在作品首次广播的成员国中进行，但是电影或者视听作品的制作者在某一成员国有住所或者惯常居所的除外，在此情况下，勤勉检索应当在制作者有住所或者惯常居所的成员国中进行。在此情况下，经权利人同意，应在向公众提供该作品或者录音制品的机构所在的成员国进行勤勉检索。

（10）第 123 条第（1）款所述机构应当保存其进行勤勉检索的记录，并向国家主管部门即罗马尼亚版权局提供下列信息：

（a）勤勉检索的结果，据此得出某一作品或者录音制品被认定为孤儿作品的结论；

（b）孤儿作品的使用；

（c）孤儿作品状态的任何变化；

（d）联系方式。

第 125 条

罗马尼亚版权局应当采取必要措施，确保第 123 条第（1）款所述机构将第 124 条第（10）款所述检索记录提交给内部市场协调局，以便在内部市场协调局建立和维护的单一、可公开访问的在线数据库中登记。欧洲议会和欧盟理事会根据欧盟第 386/2012 号条例的规定于 2012 年 4 月 19 日授权内部市场协调局（商标和外观设计）承担与知识产权执法有关的特定任务，包括在欧洲知识产权侵权观察站汇集公共和私营部门的代表。

第 126 条

（1）一部作品或者录音制品依据第 122 条的规定在其他欧盟成员国内被认定为孤儿作品的，在罗马尼亚境内也应被认定为孤儿作品，可以依据本法进行使用和获取。

（2）第 122 条第（4）款所述作品和录音制品，涉及身份或者位置未确定的著作权人的权利的，适用本条规定。

第 127 条

本法关于孤儿作品的任何规定不得影响有关专利、商标、外观设计、实用新型和集成电路布图设计、字体、附条件使用、使用广播服务或者有线电视、保护国宝、法定送存要求、限制性做法和不正当竞争、商业秘密、安全、保密、数据保护和隐私、获取公共文件、合同法、新闻自由和媒体言论自由的规定。

第128条

被视为孤儿作品的作品或者录音制品的著作权人，可以在任何时候终止孤儿作品的状态。

第6章 电视和广播组织

第1节 电视台和广播电台的权利

第129条

电视和广播组织享有许可或者禁止下列行为的独占性财产权利，被许可人应当标明该组织的名称：

（a）将其自身播出的和提供的广播或者电视节目进行固定；

（b）以任何方式和形式，全部或者部分、直接或者间接、暂时或者永久地复制其固定在任何种类的物理媒介上的广播或者电视节目，无论是通过有线或者无线，包括通过电缆或者卫星传输；

（c）将其自身播出和提供的广播或者电视节目固定在任何种类的物理媒介进行发行；

（d）为了国内市场交易而进口固定在任何种类的物理媒介上的其自身播出和提供的广播或者电视节目；

（e）通过无线方式、电报、电缆、卫星或者任何其他类似程序，以及通过其他任何向公众传播的方式，包括通过互联网转播，转播其自身播出和提供的广播或者电视节目；

（f）在公众可以进入的场所播放广播或者电视节目，并收取入场费；

（g）出租固定在任何种类的物理媒介上的广播或者电视节目；

（h）出借固定在任何种类的物理媒介上的广播或者电视节目；

（i）通过电缆或者卫星等有线或者无线的方式向公众提供固定在任何种类的物理媒介上的广播或者电视节目，使公众可以在其自己选择的地点和时间获得节目。

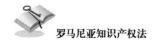

第 130 条

（1）本法所称的转播，是指由一个广播组织同时播放另一个广播组织正在播出的节目。

（2）第 14 条至第 18 条、第 20 条第（1）款、第 21 条、第 22 条和第 98 条第（2）款的定义类推适用于第 129 条规定的权利。

第 131 条

（1）广播和电视组织享有独占权，可禁止他人进口未经其许可制作的、固定在任何种类的物理媒介上的广播或者电视节目复制件。

（2）第 129 条（d）项的规定不适用于自然人基于非商业目的，在法律允许的个人行李中的进口。

第 132 条

本章规定的权利保护期为 50 年，自电视或者广播组织首次播出节目后次年的 1 月 1 日起算。

第 133 条

对于已固定在任何种类的物理媒介上的广播或者电视节目的发行权，自权利人或者经其同意在国内市场上首次出售或者首次合法转让原件或者复制件时，即告用尽。

第 134 条

第 35 条、第 36 条和第 38 条的规定类推适用于广播和电视组织。

第 2 节　通过卫星向公众传播

第 135 条

（1）电视和广播组织通过卫星向公众传播节目的，应当以尊重受本法保护的著作权和邻接权的方式开展其活动。

（2）本法所称的通过卫星向公众传播，是指在罗马尼亚境内的电视或者广播组织的指导和负责下，制作载有节目的信号，以不间断的通信链方式抵达卫星并返回地球以便让公众接收。

（3）本法所称的卫星，是指根据电信立法为公众接收或者私人单独通信提供广播信号，在保留的频段上运行的任何卫星。但是，在后一种情况下，私人通信条件应当与公众通信条件类似。

第 136 条

（1）以编码形式发送节目信号的，如果有关组织向公众提供或者经其同意提供用于解码广播的设备，则其纳入通信链应当视为向公众传播。

（2）由位于罗马尼亚境外或者非欧盟成员国的组织传输信号，且该组织未能提供本法规定的保护水平的，应当根据下列情形确定向公众传播的责任：

（a）通过上行站向卫星传输信号的，由罗马尼亚境内或者欧盟成员国使用该上行站的人承担责任；

（b）没有使用上行站，但总部位于罗马尼亚境内或者欧盟成员国的组织，许可他人向公众传播的，由该组织承担责任。

第 137 条

（1）著作权人或者邻接权人只有以自行或者通过集体管理组织订立合同的方式，才能将通过卫星向公众传播的权利转让给电视台或者广播电台。

（2）集体管理组织与电视台或者广播电台之间就通过卫星向公众传输属于特定领域的某类作品签订标准合同，如果通过卫星向公众传播是与同一传播者的地面传播同时进行的，则该合同对未被集体管理组织代表的权利人也具有约束力。未被集体管理组织代表的权利人可以在任何时候通过个人或者集体合同取消标准合同的延伸效力。

（3）第（2）款的规定不适用于视听作品。

第 3 节　有线电视转播

第 138 条

（1）著作权人或者邻接权人只能通过集体管理组织代理的方式，行使其许可或者禁止有线电视转播的权利。

（2）有线电视转播的著作权和邻接权的报酬数额，应当根据第 163 条、第 164 条规定的程序，由著作权和邻接权的集体管理组织与有线电视经销商

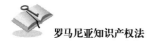

行业协会协商确定，但依法进行有线电视转播的节目除外。●

（3）未能通过协商确定的，在启动第 165 条第（3）款规定的仲裁程序之前，各方可以协商确定一个可供选择的调解程序。为保证独立性和公正性不受质疑，由各方选定的一名或者多名调解员进行调解，调解员负责协助协商，并向各方通报方案。

（4）在调解员提交方案后的 3 个月内，各方应当通过签署议定书的方式，通知调解员和罗马尼亚版权局拒绝或者接受该方案。该方案的通知以及接受或者拒绝该方案，应当适用关于法律行为的通知规则。任何一方在此期限内未通知拒绝该方案的，则推定各方都同意。

（5）部分权利人未将权利委托集体管理组织进行管理的，管理同一类别权利的组织在法律上应当被视为该部分权利人的管理者。相关领域存在多个集体管理组织的，权利人可以在其中进行选择。该部分权利人在收到通知之日起 3 年内有权主张权利。

第 139 条

第 138 条第（1）款的规定不适用于广播组织对自己的广播和节目服务所行使的权利，无论有关权利是它们自己的还是由其他著作权人或者邻接权人转让给它们的。在该情况下，广播电台或者电视台行使有线电视转播权，是通过与有线电视经销商签订合同来实现的，但法律规定必须通过有线电视转播的情况除外。

第 7 章　数据库制作者的特别权利

第 140 条

（1）本章规定为各种形式的数据库提供法律保护。

（2）本法所称的数据库，是指对受著作权或者邻接权保护或者不受保护的作品、数据或者其他独立要素进行系统编排形成的集合，使其可以通过电子方式或者其他任何方式单独访问。

（3）本章规定的保护不适用于制作或者运行可通过电子方式访问的数据库的计算机程序。

● 根据 2010 年 6 月 28 日罗马尼亚官方公报第 1 部分第 430 号公布的第 571/2010 号决定，罗马尼亚宪法法院承认原第 121 条第（2）款，现为第 138 条第（2）款的规定是违宪的例外情形。

（4）本法所称的数据库制作者，是指为获取、验证或者呈现数据库内容，在质量和数量上进行大量投资的自然人或者法人。

第141条

（1）数据库制作者享有许可或者禁止他人提取和/或重新利用全部或者（经定性或者定量评估的）实质部分数据库的独占性财产权。

（2）在本法中：

（a）提取，是指以任何方式或者任何形式将数据库的全部或者（经定性或者定量评估的）实质部分内容永久或者临时转移到另一媒介。

（b）重新利用，是指通过发行、出租或者其他方式向公众提供数据库的全部或者（经定性或者定量评估的）实质部分内容，包括向公众提供数据库的内容，使其可以在自行选择的地点和时间访问数据库。自权利人或者经权利人同意在国内市场上首次销售数据库复制件的，转售复制件的权利即告用尽。

（3）公开出售数据库并非本法所称的提取或者重新利用行为。

（4）无论数据库的内容是否受著作权或者其他权利的保护，第（1）款规定的权利均应适用。根据第（1）款规定的权利对数据库进行保护，不得损害数据库内容的现有权利。

（5）对数据库内容的非实质部分进行重复和系统的提取或者重新利用，不得与数据库的正常使用相冲突，或者不合理地损害数据库制作者的合法权益。

第142条

（1）以任何方式向公众提供的数据库，其制作者不得阻止数据库的合法使用者基于任何使用目的提取或者重新利用数据库内容的非实质部分。只许可使用者提取或者重新利用数据库的部分内容的，本款的规定应当适用于该部分。

（2）以任何方式向公众提供的数据库，其合法使用者不得影响该数据库的正常使用或者不合理地损害数据库制作者的合法权益。

（3）以任何方式向公众提供的数据库，其合法使用者不得损害该数据库所含作品或者表演的著作权人或者邻接权人的合法权益。

（4）以任何方式向公众提供的数据库，其合法使用者在下列情况提取或

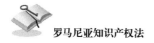

者重新利用数据库的实质部分内容，可以不经制作者许可：

（a）为了私人使用的目的，提取非电子数据库的内容；

（b）为了教育或者科学研究的说明目的进行提取，但需标明来源，并且在所要达到的非商业目的的合理范围内；

（c）为了维护公共秩序和国家安全的目的，以行政或者司法程序为目的，进行提取或者重新利用；

（d）为了第35-1条规定的目的，进行任何复制、发行、转换、提取或者重新使用的行为。❶

（5）数据库或者部分数据库的合法使用者可以不经作者的同意，进行正常使用和访问数据库全部或者部分所必需的任何复制、发行、向公众传播或者转换的行为。

第143条

（1）数据库制作者自完成制作数据库之日起享有权利。权利保护期为15年，自数据库制作完成之日的次年1月1日起算。

（2）第（1）款规定的期限届满前以任何方式向公众提供数据库的，保护期应当自首次向公众提供数据库之日的次年1月1日起算。

（3）对数据库内容进行任何（经定性或者定量评估的）实质变动，包括因连续添加、删除或者更改累积产生的任何重大变动，导致数据库被视为一项（经定性或者定量评估的）实质新的数据库的，新的数据库单独享有其保护期。

第3编　著作权和邻接权的管理与保护

第1章　著作权和邻接权中财产权的管理

第1节　一般规定

第144条

（1）著作权人和邻接权人可以根据本法自行或者通过集体管理组织行使

---

❶　第2编第7章第142条第（4）款由2019年1月8日第15号单行法第3点予以增补，并于2019年1月11日由第33号罗马尼亚官方公报公布。

本法规定的权利。

（2）著作权集体管理只适用于已经发表的作品，邻接权集体管理只适用于已经固定或者广播的表演以及已经发表的录音录像制品。

（3）著作权人和邻接权人不得向集体管理组织转让本法规定的财产权。

（4）作者、著作权人以及邻接权人享有下列权利，集体管理组织应在章程中予以规定：

（a）选择针对何种权利、权利类别或者作品类型、其他受保护客体或者许可地域，书面授权集体管理组织进行管理，不考虑集体管理组织或者权利人的国籍、居所或者设立地点；

（b）对任何权利、权利类别或者作品类型和其他受保护客体授予非商业性使用的许可；

（c）在不超过6个月的合理通知的情况下，酌情撤销管理授权或者撤销集体管理组织对任何权利、权利类别、作品类型或者其他受保护客体的管理；

（d）收取在撤销或者限制管理授权的事项生效前，对作品的利用行为应得的报酬。

（5）集体管理组织不得通过施加条件将被撤销或者撤回的权利、权利类别或者受保护作品类型或者其他客体的管理委托给另一集体管理组织，而限制第（4）款所述权利的行使。

（6）授权集体管理组织管理的，作者或者权利人应采取书面方式对每项权利、权利类别或者作品类型以及其他受保护客体给予同意。

（7）不属于集体管理授权的会员，但通过法律、转让、许可或者委托以外的合同与之有直接法律关系的作者或者权利人，享有下列权利：

（a）为行使其据以获得报酬的权利，与集体管理组织沟通（包括通过电子方式）；

（b）获知作品、作品类型或者其他受保护客体以及其直接管理或者通过代表协议管理的权利和所涵盖的地域；

（c）根据集体管理组织层面规定的程序，针对权利管理授权及其撤销和撤回、报酬的收取、分配和支付以及许可费扣除提出的申诉，包括对于音乐作品的在线权利，尽快收到书面合理答复。

（8）在作者或者权利人同意管理其任何权利、权利类别或者作品类型和其他受保护客体之前，集体管理组织应当告知作者或者权利人第（4）款和第（7）款所述权利，以及第（4）款（b）项所述权利的附加条件。

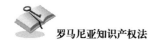

第 145 条

（1）集体管理组织行使下列权利是强制性的：

（a）因私人复制而获得补偿性报酬的权利；

（b）第 18 条第（2）款规定的因向公众出借而获得合理报酬的权利；

（c）转售权；

（d）音乐作品广播权；

（e）〔已废除〕；❶

（f）表演者和录音制品制作者因向公众传播和广播为商业目的出版的录音制品或者其复制件而获得合理报酬的权利；

（g）有线电视转播权；

（h）针对孤儿作品获得公平补偿的权利；

（i）〔已废除〕。❷

（2）对于第（1）款规定的权利类别，集体管理组织亦代表未授权管理的权利人。

（3）向公众传播音乐作品的权利适用延伸性集体管理。在该情况下，代表性集体管理组织亦应代表未授权管理的作者和权利人。作者或者权利人可以提前 30 日通知集体管理组织，自行消除延伸性集体管理的效力。❸

第 146 条

（1）下列权利可以进行集体管理：

（a）以录音或录像形式复制音乐作品的权利；

（b）向公众传播作品的权利，但音乐作品和视听领域的艺术表演除外；

（c）出借权，但第 145 条第（1）款（b）项规定的情形除外；

（d）视听领域作品和艺术表演的广播权；

---

❶ 第 3 编第 1 章第 1 节第 145 条第（1）款（e）项由 2019 年 1 月 8 日第 15 号法律第 1 条第 4 点予以废除，并于 2019 年 1 月 11 日由第 33 号罗马尼亚官方公报公布。

❷ 第 3 编第 1 章第 1 节第 145 条第（1）款（i）项由 2019 年 1 月 8 日第 15 号法律第 1 条第 4 点予以废除，并于 2019 年 1 月 11 日由第 33 号罗马尼亚官方公报公布。

❸ 第 3 编第 1 章第 1 节第 145 条由 2019 年 1 月 8 日第 15 号法律第 1 条第 5 点予以增补，并于 2019 年 1 月 11 日由第 33 号罗马尼亚官方公报公布。

（d－1）第 173 条规定的音乐作品在线权利;❶

（e）因转让第 119 条第（1）款规定的出租权而获得合理报酬的权利。

（2）对于第（1）款规定的权利类别，符合第 162 条第（1）款（a）项规定条件的，集体管理组织应只代表授权管理的权利人，并在所管理的作品库的范围内制定管理办法或者直接与使用者协商签订许可合同。集体管理组织应根据使用者的要求向其提供管理作品清单，包括申请人以第 153 条第（2）款规定的形式使用的作品清单，以及由其代表的罗马尼亚境内和外国著作权人及邻接权人的名单。为保障法律实施，上述活动受罗马尼亚版权局的监督管理。

（3）集体管理组织根据要求授权使用智力创造作品，必须根据著作权人或者邻接权人的授权文件，但强制集体管理的情形除外。

第 147 条

除第 145 条和第 146 条规定的权利外，本章承认的权利可由集体管理组织管理，但不得超出权利人的特别授权范围。

第 148 条

集体管理组织的存在，不得妨碍著作权人和邻接权人求助于专门的代理人（其可以是自然人或者法人），代表他们就本法承认的权利进行单独谈判。

第 149 条

（1）作者或者权利人有权通过合同委托独立管理组织管理其权利。

（2）独立管理组织是营利性法律实体，依照有关公司的法律规定运营，唯一或主要活动目的或者主要活动目的之一是管理著作权以及邻接权。

（3）作者或者权利人不得直接或者间接、全部或者部分拥有或者控制独立管理组织，也不得将著作权以及邻接权或者使用权转让给独立管理组织。

（4）独立管理组织应当自成立之日起 15 日内向罗马尼亚版权局登记备案。

（5）视听作品制作者、录音录像制品制作者、广播组织、出版者、经纪

---

❶ 第 3 编第 1 章第 1 节第 146 条由 2019 年 1 月 8 日第 15 号法律第 1 条第 6 点予以增补，并于 2019 年 1 月 11 日由第 33 号罗马尼亚官方公报公布。

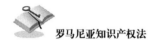

人或者表演者不得作为独立管理组织运作或者行事。

（6）独立管理组织可以与作者、著作权人或者邻接权人签订代理合同，但应符合本法的规定。

（7）独立管理组织有权基于第（6）款规定的合同并在本法规定的范围内，代表作者或者权利人处理与集体管理组织的关系。

（8）独立管理组织负有下列义务：

（a）向使用者收取应得款项，并根据合同约定支付给作者或者权利人；

（b）向作者或者权利人提供有关其权利管理的信息；

（c）应集体管理组织和其他集体管理组织的要求，向其提供所管理的作品库的信息；

（d）在所管理的作品库的范围内，授予音乐作品在线权利的使用许可；

（e）向罗马尼亚版权局提交年度报表，其格式由罗马尼亚版权局局长决定；

（f）针对解决的投诉数量、方法和期限制定年度报告并在其网站上公布；

（g）向作者或者权利人以及监管部门提供访问权限，以便获取向使用者收取应得款项并向作者或者权利人支付的任何活动信息；

（h）在其活动范围内，应作者或者权利人的要求，向其提供专业协助，并代表他们参与诉讼；

（9）罗马尼亚版权局应当核查第（8）款规定义务的履行情况。

第 2 节　著作权及邻接权的集体管理组织

第 150 条

（1）本法所称的集体管理组织，是指经自由联合成立的法律实体，其唯一或者主要的活动目标是根据作者或者著作权人的授权，为实现集体利益，管理著作权或者与著作权有关的权利、权利类别、作品类型以及其他受保护客体。

（2）集体管理组织依法行使管理职能时，不得将其根据本法规定接受集体管理授权的受保护作品库的使用作为活动对象；集体管理组织不得转让著作权、邻接权或者其使用。

（3）就第（1）款而言，对权利、权利类别、作品类型或者其他受保护客体的集体管理，应包括许可、监督所管理的权利或者作品类型的使用、执行权利、收取、分配和支付作者、著作权人或者邻接权人应得款项，该等款项来自使用权利产生的报酬或者对权利收入的投资。

第 151 条

（1）本章规定的集体管理组织应当依法设立，经罗马尼亚版权局的批准，根据非营利组织的规定和本法规定运营。

（2）集体管理组织由享有著作权或者邻接权的自然人或者法人直接设立，并在授权范围内，根据依法定程序通过的章程开展活动。

（3）集体管理组织可以为管理不同创作领域对应的不同权利类别而单独设立，也可以为管理属于不同类别的权利人的权利而单独设立。

第 152 条

集体管理组织应当通过大众媒体向公众公开下列信息：

（a）集体管理组织代表的权利人类别；

（b）集体管理组织管理的财产权；

（c）使用者的类别和其他负有支付私人复制补偿性报酬义务的自然人和法人的类别；

（d）集体管理组织运营并向权利人收取报酬所依据的规范性法律；

（e）在地方和中央层面上负责收取费用的方式和负责该项活动的人员；

（f）工作时间。

第 153 条

（1）在罗马尼亚设立总部的集体管理组织，应当按照第151条第（1）款规定获得批准：

（a）根据本法生效时适用的法律规定设立或者运营；

（b）向罗马尼亚版权局提交由其管理的成员作品库、表演、录音录像制品清单，以及与外国组织签订的管理类似权利的合同；

（c）已通过符合本法规定条件的章程；

（d）具有实施集体管理的经济能力，拥有在全国范围内管理作品库所需的人力和物力；

（e）根据章程明文规定的程序，允许在其设立的领域内接触有委托意愿的任何著作权人或者邻接权人。

（2）第（1）款（b）项所述作品库应按照罗马尼亚版权局局长规定的书面和电子格式保存在受法律保护的数据库系统中，并应当至少包含作者姓名、权利人姓名、作品名称、表演者身份和录音录像制品的识别信息。

（3）集体管理组织的设立和运行通知应当根据罗马尼亚版权局局长的决定作出，并且应当在罗马尼亚官方公报第1部分公布，相关费用由集体管理组织承担。

第 154 条

（1）集体管理组织的所有成员均有权出席会员大会并在会上表决。

（2）大会应当在召开前至少30日，通过网站和其他任何媒体（包括电子媒体）公布会议的日期、地点和议程。

（3）在规定的大会召开日期出席人数没有达到法定人数的，大会应当最迟在15日内重新召开。重新召开的大会的决定，应当以投票成员的简单多数作出。

（4）会员大会应当至少就下列事项作出决定：

（a）关于分配应当支付给作者或者权利人的款项一般政策；

（b）关于使用不可转让金额的一般政策；

（c）关于许可使用费收入和任何权利收入投资所得收入的一般投资政策；

（d）关于许可使用费收入和任何权利收入投资所得收入的一般扣减政策；

（e）风险管理政策；

（f）批准收购、出售或者抵押任何不动产；

（g）批准合并、联盟、成立子公司、收购其他实体或者其他实体中的股份或者权利；

（h）批准借款合同、发放贷款或者提供贷款担保的提议；

（i）批准年度报告；

（j）批准应当向总干事、理事会成员和内部委员会成员支付的薪金或者款项。

（5）会员大会可以通过决议委托监督机构行使第（4）款（e）项至（h）项的权力。

第 155 条

（1）集体管理组织有义务确保所有会员能够参加大会并参与投票。

（2）集体管理组织的会员均有权委托其他自然人或者法人代表其出席大会并参与投票，但该委托不得导致利益冲突。

（3）委托书应当载明参会条件和投票指示，且仅在一次大会上有效。

（4）在会员大会中，代表应当享有与被代表会员相同的权利。

第156条

（1）年度报告应当在上一财政年度结束后的8个月内编制。

（2）年度报告应当在集体管理组织的网站上公布至少5年，并且应当至少包含下列信息：

（a）资产负债表、收入和支出账户以及现金流量表；

（b）财政年度活动报告；

（c）第162条（b）项规定的关于拒绝发放许可的信息；

（d）中央和地方管理机构的名单、内部委员会的组成和地方代表名单；

（e）向总干事、理事会成员和内部委员会成员支付的报酬总额及其他利益的信息；

（f）按照管理的权利类别和使用类型分列的收取报酬信息；

（g）从作者或者权利人处扣减用于支付收取、分配和支付报酬的费用，其中至少包括按照管理的权利类别分列的实际支出数据，如果费用是间接产生的，无法归属于一个或者多个权利类别，则应当说明理由，例如许可使用费的投资收入、资金拆入和银行存款；

（h）按照管理的权利类别和使用类型分列的分配总额和向作者或者权利人支付的款项总额的财务信息，包括付款日期，按照收取或者分配的日期分列；

（i）按照管理的权利类别和使用类型分列的已收取且未分配的，以及已分配且未向权利人支付的款项总额的财务信息，应当说明该等款项收取的时间、延迟收取的原因以及入账方式；

（j）无法分配的款项及其使用方式的财务信息；

（k）按照权利类别、使用类型和集体管理组织分列的，从与之有法律关系的其他集体管理组织收取的款项、管理费以及从该等款项中扣减的其他费用的财务信息；

（l）按照权利类别、使用类型和集体管理组织分列的，向与之有法律关系的其他集体管理组织收取、分配和支付的款项、管理费以及从该等款项中

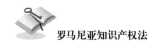

扣除的其他费用的财务信息，并说明收取或者分配的期限；

（m）按照权利类别和使用类型分列的，收取、分配并向作者或者权利人直接支付的款项的财务信息，并说明收取或者分配的期限；

（n）根据情况提供一份特别报告，按照权利类别和使用类型分列说明为提供社会、文化和教育服务扣减的款项，并说明使用方式。

（3）第（2）款规定的佣金和其他扣减款项，应当按照权利类别分列，以数额和占财政年度收入的百分比显示。

（4）报告中的会计和财务信息应当在年度会员大会召开前至少30日由监督机构核实，报告的内容，包括其中的保留意见，应当全部体现在报告中。

第 157 条

（1）集体管理组织的章程应当载明下列事项：

（a）会员准入条件和拒绝授予会员资格的情形；

（b）基于平等原则管理作者或者著作权人权利的条件；

（c）撤销管理授权、撤回任何权利、权利类别、作品类型和其他受保护客体的程序以及撤销或者撤回的生效日期；

（d）集体管理组织会员的权利和义务；

（e）会员应当支付的会员费和会费的确定和支付安排；

（f）确定分配给会员的款项的方法，适用于按实际使用作者或者权利人的作品库的比例分配所收取报酬的规则，以及适用于所收取的无法确定实际使用情况的许可使用费的分配规则；

（g）如果分配金额低于管理费，可以支付的最低数额；

（h）关于如何处理无法分配或者无人申请的款项的规则；

（i）关于如何确定与使用者（包括协商代表）进行协商的规则；

（j）确定应当支付给集体管理组织的报酬方式以覆盖其必要的运营费用；

（k）会员对经济和财务管理进行核查的方法；

（l）关于使用许可使用费及其投资所得收入的一般规则；

（m）有关行使监督职能的规定；

（n）有关理事会成员的任命和罢免的规定。

（2）任何章程修正案都应当在拟提交集体管理组织召开会员大会批准该修正案的前2个月，提交罗马尼亚版权局批准。

（3）罗马尼亚版权局应当自收到第（2）款所述请求后10个工作日内发

表意见。持否定意见的，应当说明理由。

（4）自会员大会批准修正案之日起 10 日内，集体管理组织有义务向法院提交章程修正案、意见和大会决议，以便对该修正案进行登记。

（5）法院关于章程修正案登记的最终决定应当自通知之日起 5 日内提交罗马尼亚版权局。

（6）未经罗马尼亚版权局批准而对章程作出任何修正并在法院登记的，均属无效。

第 158 条

（1）作者、著作权人或者邻接权人可以通过书面合同直接授权集体管理任务。

（2）进行委托合同授予的集体管理，不得以任何方式限制作者或者权利人的财产权。

（3）作者、权利人、独立管理组织或者其他集体管理组织、作者或者权利人协会，凡是符合章程规定的入会条件的，都可以成为集体管理组织会员。

（4）集体管理组织有义务在活动范围内接受对基于集体管理的该等权利进行管理。

（5）权利人存在下列情形的，集体管理组织可以拒绝授予会员资格：

（a）不提供所主张的权利的证据；

（b）不提交作品库、表演、录音制品、录像制品和其他受保护客体的清单；

（c）没有说明其选择由集体管理组织管理的财产权、作品类型和其他受保护客体；

（d）是另一集体管理组织的会员，而该集体管理组织对权利人要求管理的同一作品、表演、录音制品、录像制品和其他受保护客体享有相同权利；

（e）曾因被除名而丧失集体管理组织会员资格；

（f）曾因知识产权法规定的违法行为而被终局判决判处刑事罚金或者有期徒刑。

（6）加入集体管理组织后出现本条第（5）款（f）项规定情形的，集体管理组织有权决定保留或者终止其会员资格。

（7）集体管理组织的章程可以载明其他拒绝授予会员资格的理由，但必须符合客观、透明和非歧视性原则。拒绝授予会员资格的，应当以书面形式

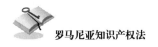

告知原因。

（8）集体管理组织的会员资格不得继承。

第 159 条

（1）在强制集体管理的情况下，作者或者著作权人未加入任何一个集体管理组织的，应当根据罗马尼亚版权局局长的决定，指定拥有最多会员的组织进行管理。

（2）因作者或者权利人无法明确或者下落不明而无法分配应付款项，且该期限的例外情形无法适用的，应付款项应当单独计入集体管理组织的账户。

（3）作者或者权利人自通知之日起 3 年内有权请求支付第（2）款所述款项。

（4）未分配或者无人认领的款项，应当自收取款项的财政年度结束后 3 个月内以书面和电子方式，包括在集体管理组织的网站上进行通知，并应当包含下列信息（如已知）：

（a）作品或者受保护客体的名称；

（b）表演者、录音制品或者录像制品的识别信息；

（c）出版商或者制作者的名称；

（d）任何其他有助于识别权利人的信息。

（5）为确认作者或者权利人的身份和位置，集体管理组织应当自分配之日起 3 个月内，提供作品和其他受保护客体的信息：

（a）其代表的会员或者代表权利人的实体；

（b）有关领域的集体管理组织以及与之签订代表协议的管理组织（如适用）；

（c）在其自己的网站上向公众提供。

（6）为识别和查找作者或者权利人，集体管理组织有义务核查其有权接触的所有记录。

第 160 条

（1）总干事、理事会成员和集体管理组织内的其他委员会成员的权利、义务、责任和独立性应当在章程中载明。总干事是理事会成员，并负责主持理事会会议。

（2）集体管理组织的会员除第（1）款所述职责外，无权获得任何报酬。

（3）总干事和理事会成员应当按照保护个人数据的法律规定，填写并向会员大会提交年度个人声明，包括下列信息：

（a）在集体管理组织中享有的任何权益；

（b）在上一财政年度中从集体管理组织获得的任何款项，包括以工资、补偿金、其他金钱或者非金钱性质的福利形式；

（c）作为作者或者权利人在上一财政年度中从集体管理组织获得的任何款项；

（d）个人利益与集体管理组织利益之间，或者对集体管理组织负有的义务与对其他自然人或者法人负有的义务之间，任何现有或者潜在的冲突。

（4）总干事不得担任其他有偿或者无偿的职务，具体包括：

（a）在另一集体管理组织中任职；

（b）在独立管理实体中任职；

（c）作为活跃于管理组织领域的经济利益集团的成员。

（5）第（3）款中所述声明应当提交给会员大会，并记载于特别登记簿。

（6）第（3）款中所述声明的格式，应当根据罗马尼亚版权局局长的决定予以确定。

第 161 条

（1）为监管和长期监督集体管理组织、总干事和理事会的工作，每个集体管理组织中应当设立监督机构，并由奇数名成员组成。

（2）监督机构内，集体管理组织各类会员代表数量必须是公平和平衡的。

（3）监督机构的每个成员应自任命之日起 10 日内完成第 160 条第（3）款所述声明。

（4）监督机构应当定期召开会议，并负有下列职责：

（a）行使会员大会根据第 154 条第（5）款规定被授予的权力；

（b）监督总干事和理事会的工作和义务履行的情况，包括执行会员大会的决议，尤其是第 154 条第（4）款（d）项所述政策；

（c）章程规定的其他职责。

（5）监督机构应当就其活动制作年度报告，提交会员大会，并递交罗马尼亚版权局。

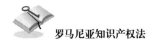

第 3 节 集体管理组织的职能

第 162 条

集体管理组织负有下列义务：

（a）为其所代表会员的利益开展活动，除为维护会员的权利或者利益，或者有效管理权利的客观需要以外，不得向会员施加义务；

（b）使用者请求使用受保护的作品库的，集体管理组织应当以有偿的方式授予非排他性许可。集体管理组织应当在最长不超过 10 日内答复请求，并说明授予许可所需的其他信息。集体管理组织决定不授予非排他性许可的，应当以书面形式说明理由；

（c）制定活动范围的方案，包括当利用方式致使作者或者权利人无法单独授权时，与使用者协商如何支付财产权的报酬；

（d）以授权的权利人的名义，或者根据与类似外国组织签订的协议，与演出组织者、开展公共传播活动的使用者、电视、广播组织或者有线电视服务商签订一般合同，以授权使用受保护的作品库；

（e）依据章程的规定，包括根据代表协议，向使用者收取应付款项，并采取必要措施，尽快将其支付给会员和其他集体管理组织；

（f）要求使用者或者其代表人在请求使用作品之日起 30 日内以书面和电子形式提供要求的信息和文件，以确定报酬数额以及被使用作品的信息，并由法定代表人盖章和签字；❶

（g）确保会员，包括其根据代表协议管理权利的作者或者权利人，在管理费以及报酬的收取、分配和支付规则方面享有平等待遇；

（h）不断更新包含会员名单以及作品清单的数据库；

（i）确保会员均能够不受歧视地获得有关收取和分配使用者应支付款项活动的所有事项的信息；

（j）根据著作权人或者邻接权人的特别授权，在其活动范围内开展其他活动；

（k）向负责监督管理的政府部门提供关于收取和分配报酬的信息；

（l）确保集体管理组织与会员、公共机构以及使用者之间的活动公开

---

❶ 第 3 编第 1 章第 3 节第 162 条（f）项由 2019 年 1 月 8 日第 15 号法律第 1 条第 7 点予以修订，并于 2019 年 1 月 11 日由第 33 号罗马尼亚官方公报公布。

透明；

（m）确保以任何方式，包括电子方式，与会员、使用者和与之有代表协议的集体管理组织进行通信；

（n）通过与国外类似机构签订书面代表协议，保护会员的利益，管理因在罗马尼亚境外使用作品库而产生的权利；

（o）在其活动范围内，向会员提供专家援助，并代表会员参加诉讼；

（p）为管理记录、简化使用者支付著作权和邻接权报酬的方式以及简化报酬的分配，在信息系统中上传最新、准确和完整的数据和信息。集体管理组织信息系统中的信息是根据罗马尼亚版权局局长的决定来确定的；

（q）尽快以书面形式答复投诉，特别是有关权利管理、撤销授权或者撤回权利、入会条件、收取应支付给作者或者权利人的款项、扣减及其分配的投诉；

（r）将权利收入及其投资所得，自有资产及其收入、管理费或者其他活动收入分别计入账户；

（s）通过签订合同或者代表协议，授权其他集体管理组织管理其代表的权利。

第 163 条

（1）为了针对方案启动协商程序，本条第（3）款（b）项和（c）项所述集体管理组织、使用者或者使用者协会必须向罗马尼亚版权局提交请求，并附有提议协商的会员名单及其身份信息、建议协商的方法以及收到协商通知的证明。

未提交名单或者提交的名单不完整的，或者缺乏通知证明的，将导致启动谈判程序的请求被驳回。

（2）方案的协商应当在罗马尼亚版权局局长决定设立的委员会内进行，该决定自收到启动协商程序的请求之日起 15 日内发布。罗马尼亚版权局局长的决定应当在罗马尼亚官方公报第 1 部分公布，费用由申请者承担。

（3）方案协商委员会应由下列人员组成：

（a）每个集体管理组织派出 1 名代表，负责每个创作领域和权利类别的工作；

（b）国家层面的使用者代表协会派出 1 名代表，根据营业额确定的前三名主要使用者各自派出 1 名代表，但必须自行承担责任向罗马尼亚版权局申

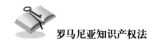

报。公共机构，包括公共电台和电视广播公司，作为协商委员会的一部分，可以免于申报营业额；

（c）地方层面的使用者代表协会派出1名代表，或者在其缺席的情况下，由向罗马尼亚版权局提交参加各自委员会协议的集体管理组织提名2名地方使用者代表。

（4）根据收到的发布成立协商委员会的决定的提议，罗马尼亚版权局可以召集并任命任何享有合法权益的实体加入协商委员会。

（5）指定协商委员会的决定应当连同申请者提交的方案建议，以挂号信的方式通知各方。

第 164 条

（1）方案应当由集体管理组织与第 163 条第（3）款（b）项和（c）项所述代表进行协商，并应当考虑下列主要标准：

（a）权利人类别、作品和其他类型的受保护客体以及协商所涉领域；

（b）组织结构或者其他被指定协商的使用者在协商中代表的使用者类别；

（c）集体管理组织为其会员以及其他类似的外国组织会员，在互惠合同的基础上管理的作品库；

（d）集体管理组织管理的作品库使用比例；

（e）使用者与权利人直接签订合同并履行支付义务的使用作品的比例；

（f）基于协商的方案，使用者使用作品库获得的收入；

（g）欧洲关于使用者与集体管理组织之间协商结果的惯例。

（2）集体管理组织可在谈判中要求同类使用者支付统一报酬，或者从使用者使用作品库中获得的收入中提取一定比例作为报酬；没有收入的，从作品库使用产生的费用中提取一定比例作为报酬。对于广播活动，集体管理组织仅能要求提取一定比例作为报酬，并根据每个使用者，即电视或者广播公司在活动中使用集体管理的作品库的比例进行区分。

（3）第（2）款所述报酬，相对于相关权利的经济价值以及使用程度必须是合理的，并应当考虑作品和其他受保护客体的特点和使用范围以及集体管理组织提供服务的经济价值。集体管理组织和使用者应当就确定该报酬的方式提出理由。

（4）只有在作品处于法律规定的著作权或者邻接权保护期内时，使用作品才能要求获得第（2）款规定的统一报酬或百分比报酬。

（5）根据第 145 条规定实施强制性集体管理的，应当在不考虑本条第（1）款（c）项和（e）项规定标准的情况下对方案进行协商，作品库应被视为具有延伸性。

第 165 条

（1）各方无法通过协商确定方案的，可以申请仲裁。

（2）方案协商应当根据双方约定的时间进行，但最长不超过委员会成立之日起 60 日。

（3）各方关于方案达成的协议应当在议定书中记录，并提交罗马尼亚版权局备案。由罗马尼亚版权局局长自提交之日起 10 日内发布决定，该议定书将在罗马尼亚官方公报第 1 部分公布，费用由启动谈判程序的主体承担。

（4）对于授予音乐作品在线权利跨境许可的集体管理组织，涉及的纠纷如下：

（a）与现有的或者潜在的在线音乐服务提供商就第 173 条第（4）款，第 174 条，第 175 条第（1）款（a）项至（c）项、（e）项以及第（3）款规定产生的纠纷；

（b）与一个或者数个权利人就第 173 条第（4）款、第 174 条至第 178 条规定产生的纠纷；

（c）与其他集体管理组织就第 174 条至第 177 条规定产生的纠纷。

（5）自仲裁程序结束之日起 30 日内，各方应当根据适用于法律行为通知的法律规定，告知罗马尼亚版权局仲裁结果。

（6）各方未能通过协商或者仲裁就方案达成一致意见的，可在本条第（2）款或者第（5）款规定的期限届满后 15 日内，向法院起诉。

（7）针对方案作出的最终决定应当通知各当事人以及罗马尼亚版权局，并应当由罗马尼亚版权局局长自备案之日起 5 日内发布决定，在罗马尼亚官方公报第 1 部分公布，费用由罗马尼亚版权局承担。方案自公布之日起对参与协商的所有使用者产生拘束力，除方案另有规定外，不得减免应当支付的报酬。

（8）根据本条第（2）款至第（6）款规定协商或者确定的方案，不适用于在方案协商进行过程中就许可合同与集体管理组织正在直接协商或者已经完成协商的使用者。

（9）根据本条第（3）款规定确定的方案，对协商领域的所有使用者、

根据第 114 条负有私人复制补偿性报酬支付义务的媒体设备进口商和制造商具有约束力。

（10）任何非排他性许可合同条款以及任何在罗马尼亚官方公报第 1 部分公布的方案，若违反经欧盟法院解释的《欧盟运作条约》第 101 条和第 102 条的竞争规则，则被禁止，尤其是下列情形：

（a）对使用者设置并施加不公平的报酬或者其他不公平的非排他性许可交易条件；

（b）对同等交易适用不公平报酬或者其他不公平条件，致使作为交易方的使用者处于不利竞争地位；

（c）使非排他性许可合同的订立以使用者接受额外服务为条件，而该等服务从性质上或者根据法律规定与合同内容无关。

第 166 条

（1）第 163 条第（3）款（b）项和（c）项所述集体管理组织、使用者或者使用者协会只有在罗马尼亚官方公报第 1 部分最终公布之日起 3 年后，才能重新提出请求以启动关税和方案的协商程序。

（2）对于第 144 条第（4）款所述谈判，任何一方可在罗马尼亚官方公报第 1 部分最终公布之日起 3 年后，重新提出请求以启动方案的协商程序。

（3）在新方案公布前，原方案仍然有效。

第 167 条

自方案公布的次年的第 1 个月起，集体管理组织可以根据国家确定的通货膨胀指数，每年对一次性定额报酬进行修改。修改应当提交给罗马尼亚版权局，并由罗马尼亚版权局局长自提交之日起 5 日内作出决定，在罗马尼亚官方公报第 1 部分公布，费用由集体管理组织承担。修改自公布的次月开始生效。

第 168 条

（1）集体管理组织应当就其管理的作品库向使用者或者其他付款人收取报酬。

（2）同一创作领域存在一个以上集体管理组织的，受益人组织应当在提交给罗马尼亚版权局的议定书中确定下列内容，并在罗马尼亚官方公报第 1

部分公布，费用由受益人组织承担：

（a）集体管理组织之间分配报酬的标准；

（b）罗马尼亚版权局局长决定在相关领域负责收取费用的集体管理组织；

（c）对集体管理组织收取费用过程中产生的实际支出予以记录和证明的程序。

（3）在本条第（2）款规定的情况下，受益人集体管理组织未在方案生效之日起30日内向罗马尼亚版权局提交上述议定书的，罗马尼亚版权局将根据局长决定，基于代表性在相关领域指定负责收取费用的集体管理组织。

（4）在本条第（3）款规定的情况下，罗马尼亚版权局指定的单一收费组织在向罗马尼亚版权局提交受益人组织之间达成的议定书，确定分配所收款项的标准之前，不得在受益人组织之间或者向其会员分配所收款项。收取费用产生的支出应当单独列出，且必须有文件证明相关领域权利人的集体管理组织收取费用的实际覆盖范围。

（5）在本条第（3）款规定的30日期限届满时，任何集体管理组织都可以申请调解或者向法院起诉。

（6）集体管理组织作为单一收费组织，根据第115条第（1）款、第138条第（2）款以及本条第（1）款和第（3）款规定，收取的款项应当分别计入分析账户。❶

（7）集体管理组织作为单一收费组织，应当代表所有受益人集体管理组织，以书面的形式发出非排他性许可的授权，并确保与受益人集体管理组织有关的款项收取行为和相关支出公开透明。受益集体管理组织有义务支持款项收取。

（8）第169条第（1）款（c）项规定同样适用于作为单一收费组织的集体管理组织。

（9）集体管理组织可以通过罗马尼亚版权局局长的决定，在罗马尼亚官方公报第1部分公布的议定书中，就一个领域的付款义务人指定共同收款组织，为所代表的权利人收取应得的报酬达成协议。经罗马尼亚版权局批准，集体管理组织还可以针对若干领域设立联合收款组织，该组织按照私法中关于非营利法人联合会的法律规定以及本法中关于集体管理组织的组织运营的

---

❶ 根据2010年6月28日罗马尼亚官方公报第1部分第430号公布的第571/2010号决定，罗马尼亚宪法法院承认第121条第（2）款，现为第138条第（2）款的规定是违宪的例外情形。

明确规定运行。

第 169 条

（1）集体管理应遵循下列规则：

（a）关于向使用者收取报酬以及其他款项、向作者或者权利人分配款项、集体管理的重要事项的决定，应由会员根据章程规定在会员大会上作出；

（b）集体管理组织收取的报酬不得与其收入混同；

（c）将存入银行的无人认领和未被分配的报酬进行资金拆入或者在活动范围内开展的其他业务中获得的款项，以及在侵犯著作权或者邻接权后以赔偿方式获得的款项，应当分配给权利人，并不得作为集体管理组织的收入；

（d）集体管理组织收取的款项应当尽快但不迟于收取该等款项的财政年度结束后 9 个月，按照作品库的使用比例分配和支付给会员，但存在客观原因无法按时完成的情形除外，特别是涉及使用者报告、确定权利和权利人、匹配作品和其他受保护客体的信息与权利人信息，或者会员因上述原因无法按时完成的情形；

（e）章程应当规定支付报酬的最低标准；

（f）本款（e）项规定应同样适用于单一收款组织与受益人集体管理组织的关系；

（g）在有代表协议的情况下，集体管理组织收取的款项应当在收取的财政年度结束后 9 个月内尽快进行分配，但集体管理组织因客观原因无法按时完成的除外，特别是涉及使用者报告、确定权利或者权利人；

（h）管理费，是指从作者或者权利人应得的许可使用费及其投资所得中按照一定比例扣除的，用于收取、分配和支付报酬的款项。会员和与集体管理组织有直接合同关系的权利人应支付的管理费应在分配时予以扣除，且不得超过个人分配金额的 15%；

（i）作为单一收款组织的集体管理组织扣除的管理费，以及受益人集体管理组织从其会员处扣除的管理费，总计不得超过每个会员个人分配金额的 15%；

（j）作为单一收款组织的集体管理组织扣除的管理费，应在付款时从分配给受益人集体管理组织的款项中扣除；

（k）管理费适用于每项所管理的权利；

（l）在根据特别授权管理的权利及代表合同的情况下，费用通过合同来约定；

（m）集体管理组织可以决定撤销或者撤回对权利、权利类别、作品类型及其他受保护客体的集体管理授权，并于财政年度结束时生效。

（2）集体管理组织应当对下列款项单独记账：

（a）收取的款项，在每项收入来源的单独分析账户中显示；

（b）章程中规定的任何收入，包括管理费、自有资产、会员费、订阅费、捐款、赞助费、利息及资金拆入分红应当单独计入分析账户；

（c）无人认领的款项，由代表机构记录并单独计入分析账户，自通知之日起保留3年。

（3）第（2）款（c）项所述期间届满后，无人认领的款项应当按照章程的规定使用。

（4）集体管理组织无权将许可使用费及其投资所得用于向作者或者权利人分配以外的目的，但第（6）款规定的扣除管理费和服务费除外。

（5）集体管理组织将许可使用费及其投资所得进行投资的，必须按照第154条第（4）款（c）项和（e）项规定的政策为会员的共同利益而进行，并遵守下列规则：

（a）存在潜在利益冲突的，集体管理组织应当确保投资仅为会员利益；

（b）资产的投资方式应当确保投资组合整体的安全性、质量、流动性和利润；

（c）资产以适当的方式分散投资，避免过度依赖任何一种资产以及避免投资组合的风险积累。

（6）章程规定集体管理组织可以从许可使用费及其投资所得中扣除一定比例来提供社会、文化或者教育服务的，应在公平标准的基础上提供服务，尤其是在获得该服务的机会和范围方面。

（7）出于收取许可使用费以及向作者或者权利人分配和支付应付款项的必要，使用者有义务根据约定或者事先规定的时间及格式，向集体管理组织提供其管理权利的使用情况信息。集体管理组织与使用者在格式上应当尽可能地考虑可选择的部门标准。

第170条

（1）任何会员都有权以自己的名义或者通过授权代表要求获得有关过去12个月内向其分配的款项、来源、计算应得款项的方法以及相应扣减的详细

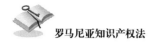

资料和文件，并核实这些数据是否符合分配规则。

（2）集体管理组织应当在其网站上至少公布下列最新信息：

（a）章程；

（b）会员名单、中央和地方管理机构、内部委员会的组成人员以及地方官员的名单；

（c）收取会员应得报酬所依据的方案以及指定集体管理组织作为收费组织的决定；

（d）通过单一收费组织收取报酬的，公布单一收费组织的名称；

（e）非排他性许可的标准合同；

（f）与其他集体管理组织订立的代表合同清单、订立协议的集体管理组织名称以及与国外类似组织订立的代表协议清单；

（g）收取和分配应付给作者或者权利人款项的安排，以及在中央和地方层面负责该项工作的人员；

（h）处理投诉的程序以及诉讼和调解的状况；

（i）过去5年召开的会员大会的信息，例如召开的日期和地点、议程以及通过的决议（如适用）；

（j）年度报告。

（2-1）集体管理组织自每年1月1日起有义务在参考季度后1个月最后1日之前，通过在总部公告或者在其网站上以电子方式公布上一季度按照使用者或者其他付款人类别收取和扣减的款项、管理费以及按照权利人类别分配的款项及其来源、权利的计算方法以及适用的扣减情况。❶

（3）集体管理组织应当以任何方式，包括电子方式，至少每年1次在财政年度结束时向与之签订代表协议的集体管理组织提供信息，并应要求随时提供相关信息所涉期间的至少下列信息：

（a）任何期间按管理的权利类别和根据代表协议管理权利的使用类型分列的已分配与已支付的款项，以及任何期间已分配但未支付的款项；

（b）扣减的管理费和代表协议中规定的其他扣除款项。

（4）与第（2）款（f）项中所述国外类似组织订立代表协议的，应当采取书面形式，载明如何就各方的作品库、管理的权利、付款期限及方式进行

---

❶ 第3编第1章第3节第170条由2020年1月9日第8号法律第1条第1点予以增补，并于2020年1月10日由第14号罗马尼亚官方公报发布。

信息交流。

（5）集体管理组织应当至少每年一次在每个财政年度结束时和应随时要求，以任何方式，包括电子方式，向分配许可使用费或者支付报酬的作者或者权利人，提供至少下列信息：

（a）集体管理组织经作者或者权利人授权，用于识别身份以及定位的任何联系信息；

（b）分配给该会员的款项，按照管理的权利类别和使用类型分列；

（c）支付给该会员的款项，按照管理的权利类别和使用类型分列；

（d）向该会员分配和支付款项对应的作品使用时间，但集体管理组织因与使用者报告相关的客观原因无法提供信息的除外；

（e）保留的管理费，按照管理的权利类别和使用类型分列；

（f）为提供社会、文化或者教育服务而扣减的任何款项；

（g）向作者或者权利人转让的权利中产生的且在任何期间内尚未支付的任何报酬或者收入。

（6）集体管理组织应当以任何方式，包括电子方式，至少每年一次在每个财政年度结束时，以及应要求随时向与之存在直接合同关系的非会员权利人和与之订立代表协议的集体管理组织提供至少下列信息：

（a）分配权利的收益、集体管理组织按照管理的权利类别和根据代表协议管理的权利的使用类型支付的款项，以及任何时期尚未支付的分配权利的任何收益；

（b）管理费方面的扣减；

（c）用于提供社会、文化或者教育服务的任何扣减；

（d）代表协议所包含的作品和其他受保护对象授予或者拒绝授予任何许可的信息；

（e）会员大会通过的与代表协议规定的权利管理有关的决议。

（7）在会员大会召开前30日内，在遵守保护个人数据的法律规定的情况下，任何会员均有权在集体管理组织的办公室或者通过电子方式查询下列内容：

（a）年度报告；

（b）由总干事、理事会、信息获取特别常设委员会、内部委员会以及监管部门起草的年度报告；

（c）拟提交大会批准的每项决议草案的文本和解释性备忘录；

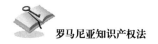

（d）雇员的个人工资；

（e）上一财政年度结束时的银行账户、投资和利息收入报表；

（f）使用者的类别、通知的数量、每类付款义务人的数量以及从每类收取的款项总额的说明；

（g）诉讼状况；

（h）理事会批准的任何交易或者使用者付款的时间表；

（i）独立性及收入的声明。

（8）获取第（7）款规定的信息，应根据书面申请，并在有限范围内允许获取集体管理组织雇员的个人数据。

（9）信息获取特别常设委员会应当在集体管理组织内开展活动，该委员会由5名成员组成，由会员大会任命，组成人员不得为集体管理组织的雇员或者管理监督机构的成员。

（10）会员认为获取信息的权利受到侵犯的，可以在3日内向第（9）款所述委员会提出申诉。委员会应当在7日内答复申诉人和总干事。

（11）第（9）款所述委员会应当就其活动制作年度报告，并提交至会员大会和罗马尼亚版权局。

（12）集体管理组织应当通过电子方式并在无不当拖延的情况下，向其根据代表协议管理权利的集体管理组织或者任何权利人或者使用者提供至少下列信息：

（a）其所代表的作品或者其他受保护客体，其直接或者通过代表协议管理的权利以及所覆盖的地区；

（b）因集体管理组织的活动范围而无法确定具体作品或者其他客体的，提供关于管理的作品或者其他受保护客体的类型、管理的权利和覆盖地区的信息。

第171条

独立集体管理组织应当以任何方式，包括电子方式，至少每年一次在每个财政年度结束时或者应请求随时向由其管理权利的作者或者权利人提供至少下列信息：

（a）该组织经作者或者权利人授权用于确认身份和定位的任何详细联系方式；

（b）向作者或者权利人分配的款项；

（c）独立管理组织向作者或者权利人支付的款项，按照管理的权利类别及使用类型分列；

（d）向作者或者权利人分配和支付的款项对应的作品使用时间，但独立管理组织因有关使用者报告的客观原因无法提供的除外；

（e）为维持著作权或者邻接权管理活动扣减的款项；

（f）在任何时候应当分配给作者或者权利人但未支付的任何报酬。

第 172 条

（1）集体管理组织应当在会员大会召开后 15 日内向罗马尼亚版权局就下列事项备案：

（a）年度报告；

（b）最新的作品库；

（c）与境外类似组织订立的代表协议。

（2）第（1）款（a）项和（b）项所述文件应当按照罗马尼亚版权局局长决定的格式，提交至罗马尼亚版权局。

第 4 节　集体管理组织对音乐作品在线权利的跨境许可

第 173 条

（1）本法所称的跨境许可，是指针对复制权和向公众传播权提供许可，其中包括在互联网或者其他计算机网络上向公众提供作品，跨境许可覆盖数个欧盟成员国领土。这两种权利可以分别管理。

（2）音乐作品在线权利，是指第（1）款所述为提供在线服务所必要的任何权利。

（3）在线权利跨境许可的音乐作品，是指任何音乐作品，包括视听作品中的音乐作品。以乐谱形式表现的音乐作品不受本编规定调整。

（4）在线音乐服务提供商（以下简称"提供商"），是指为向公众传播而通过复制音乐作品提供在线音乐服务内容的自然人或者法人。提供商有义务准确报告该等作品的实际使用情况。

（5）对音乐作品在线权利授予跨境许可的集体管理组织必须满足下列条件：

（a）有能力针对其获授权管理的每件音乐作品或者其各部分，准确识别

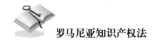

全部或者部分音乐作品、覆盖地区、权利以及对应的作者或者权利人；

（b）有能力通过电子方式处理管理许可所必要的数据和信息，以确定和监测作品库的使用，收取、分配和支付应向会员支付的报酬并向使用者开具发票；

（c）根据国际或者欧盟内部相关标准和惯例，采用独特的编码以识别作者、权利人以及音乐作品；

（d）使用合适的方式及时有效地解决与其他授予音乐作品在线权利跨境许可的集体管理组织所掌握的数据和信息之间的不一致问题。

第 174 条

（1）应提供商、其他集体管理组织或者被代表会员的要求，跨境许可集体管理组织应当通过电子方式提供最新信息，以识别在线音乐作品库，包括：

（a）管理的音乐作品；

（b）全部或者部分管理的权利；

（c）覆盖的地区。

（2）跨境许可集体管理组织应当采取措施保证数据的准确性和完整性，控制数据的重复使用，保护商业敏感信息。

（3）跨境许可集体管理组织应当允许会员、其他集体管理组织和提供商在认为数据不准确的情况下要求纠正第（1）款所述数据。如果该要求是合理的，集体管理组织应当作为紧急事项，纠正持有的数据或者信息。

第 175 条

（1）对于跨境许可使用的音乐作品，跨境许可集体管理组织对于在线权利管理负有下列义务：

（a）对其管理的由其授予跨境许可的提供商对音乐作品的全部或者部分使用情况进行监督；

（b）为提供商提供必要的电子手段，以报告在线权利跨境许可的音乐作品的使用情况。通过电子方式交换上述信息时，应当至少采用一种符合国际或者欧盟内部的自愿性标准或者做法的报告方式；

（c）提供商报告作品的实际使用情况后，通过电子方式等尽快向提供商开具并送达发票，应当至少采用一种符合国际或者欧盟内部自愿性标准或者做法的格式；

（d）向作者或者权利人准确、及时地分配和支付因许可使用产生的报酬，并在每次付款时提供作品每次使用的时间和地点信息、向提供商收取并分配的款项、手续费及其他适用扣减的款项；

（e）以电子手段向音乐作品被列入作品库的作者或者权利人以及委托管理在线权利的权利人提供有关其音乐作品或者与之相关的权利的信息，以及其授权委托管理的地区。

（2）第（1）款（d）项规定也适用于集体管理组织委托另一集体管理组织根据第176条规定授予音乐作品在线权利跨境许可的情形。除非另有约定，否则进行委托的集体管理组织应当负责后续将款项分配给作者或者权利人，并通知他们。

（3）除非另有约定，否则第（1）款（e）项规定也适用于集体管理组织委托另一集体管理组织根据第176条和第177条的规定授予跨境许可的情形。

（4）集体管理组织允许采用部门标准对电子数据交换进行报告的，集体管理组织可以拒绝接受提供商通过其专有格式提交的报告。

（5）集体管理组织采用部门标准格式的，提供商不得基于格式原因拒绝接受发票。

（6）第（1）款（c）项所述发票必须包含准确的数据，至少包含作品名称、全部或者部分被许可的权利以及提供商提供的实际使用信息。

（7）一个或者数个集体管理组织基于同一音乐作品的同一在线权利开具多张发票的，提供商有权质疑发票内容的准确性。

（8）集体管理组织委托另一集体管理组织就音乐作品在线权利授予跨境许可的，被委托的集体管理组织应当准确、及时地分配所收取的报酬。

第 176 条

（1）集体管理组织据以委托另一集体管理组织就其作品库中的音乐作品的在线权利授予跨境许可的代表协议，是非排他性的。被委托的集体管理组织应当采取非歧视方式管理该等权利。

（2）进行委托的集体管理组织应当向其会员告知代表协议的主要条款和条件，包括合同期限以及被委托的集体管理组织提供服务的费用。

（3）被委托的集体管理组织应当告知进行委托的集体管理组织关于授予在线权利跨境许可的条件，包括使用性质、与许可费有关或者影响许可费的所有规定、许可的期限、会计期间以及相关区域。

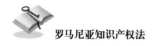

第 177 条

（1）集体管理组织没有对作品库中的音乐作品在线权利授予跨境许可的，应当申请与符合下列条件的另一集体管理组织签订代表协议：

（a）汇总其他作品库，且并不排他性地仅对自己的作品库授予跨境许可；

（b）并不受限于为联合许可复制权和向公众传播权而对同一作品的权利进行汇总。

（2）接收申请的集体管理组织应当承担下列义务：

（a）已经为一个或者数个集体管理组织的作品库中的音乐作品的同一类别在线权利授予跨境许可的，应当接受该申请；

（b）尽快以书面形式答复作为申请者的集体管理组织；

（c）按照适用于管理自己作品库的相同条件对作为申请者的集体管理组织的作品库进行管理；

（d）向提供商提交的所有报价中包括了作为申请者的集体管理组织的作品库。

（3）作为申请者的集体管理组织扣减的管理费不得超过接受申请的集体管理组织产生的合理费用。

（4）作为申请者的集体管理组织应当向接受申请的集体管理组织提供在线权利跨境许可所必需的作品库和信息。

（5）第（4）款所述资料不充分或者提供的形式不能使接受申请的集体管理组织遵守本条要求的，接受申请的集体管理组织应当有权在合理范围内收取为满足该等要求而产生的费用，或者将资料不充分或者不能使用的作品排除在外。

第 178 条

（1）集体管理组织不授予跨境许可，或者不要求另一集体管理组织为此签订代表协议的，已经向集体管理组织管理授权其音乐作品在线权利的作者或者权利人，可以撤回授权。

（2）第（1）款所述情形中，作者或者权利人有可能自行或者通过第三方授予跨境许可，并在必要的范围内从原集体管理组织撤回权利，而留下授予境内许可的权利。

第 179 条

（1）第 173 条至第 178 条的规定不适用于集体管理组织针对下列内容授予跨境许可的情形：

（a）广播组织在广播或者电视节目播出的同时或者之后，出于向公众提供其广播或者电视节目的必要使用的音乐作品；

（b）由广播组织制作或者为其制作的任何附属于原始广播的在线材料，其目的是补充、预览或者重播节目，包括预告。

（2）第（1）款规定导致与其他向消费者提供在线获取音乐或者作品服务产生不正当竞争，则不适用，且第（1）款规定不应导致诸如市场或者消费者共享受到限制。

第 2 章　罗马尼亚版权局

第 180 条

（1）罗马尼亚版权局作为政府下属的专门机构，是唯一的监督管理部门，在著作权和邻接权领域内负责进行国家登记处登记以及监督、授权、仲裁和技术科学调查。

（2）罗马尼亚版权局的日常开支和资本开支完全和明确由国家预算提供，通过文化和宗教事务部的预算代持，统筹部长是主要的信贷订购机构。

（3）罗马尼亚版权局的组织、运作、人员结构和履行职责所需的设施由政府决定予以确定。

（4）罗马尼亚版权局由文化和宗教事务部部长负责统筹，由局长管理，副局长协助，由总理根据统筹部长的建议决定任命。

第 181 条

（1）罗马尼亚版权局的主要职责如下：

（a）根据局长的决定，依法规范著作权和邻接权领域的活动；

（b）起草其活动范围内的法律草案；

（c）保存集体管理组织提交的作品库记录；

（d）组织和管理在国家登记处和法律规定的其他特定国家记录中进行的有偿登记工作；

（e）根据著作权和邻接权的法律规定，有偿发放可使用的全息标识，其价值为购买价格并加收 30% 的管理费；

（f）批准设立集体管理组织并监督其运作；

（g）作为中央公共管理部门的专门机构，依法批准在法院登记处登记的著作权和邻接权领域内的协会和基金会，包括打击盗版商品的协会；

（h）自费依职权或者在收到书面投诉后，对集体管理组织遵守相关法律的情况、运作和活动进行管制，包括允许他人访问其信息系统，并制定措施，使其符合法律规定或者酌情实施制裁；

（i）与欧盟成员国的同类组织合作，以监督欧盟关于著作权和邻接权的规定的实施情况；

（j）应刑事调查机关的要求，对带有著作权或者邻接权的产品的独创性进行技术和科学鉴定，如果被告人的罪行被证实，则由被告人承担费用；

（k）由当事人付费或者应司法机关要求，有偿提供专家意见；

（l）自费开展该领域立法的宣传活动，并开展培训活动，培训费用由相关人员承担；

（m）与罗马尼亚加入的该领域类似专门组织和国际组织开展代表活动；

（m-1）保存获得授权开展第 35-1 条第（1）款（b）项规定活动的实体的记录，并向欧盟委员会和世界知识产权组织国际局设立的信息联络点提供被授权实体的名称和联系方式，以及被授权实体在自愿基础上收集的任何其他数据；❶

（n）履行法律规定的其他职责。

（2）罗马尼亚版权局可开展的有偿业务的收费标准由政府决定予以确定。第（1）款（j）项规定的业务的同等价值将包含在诉讼费用中。

（3）为履行法律规定的职责，罗马尼亚版权局可以依法以可操作的方式从国家电影中心、国家贸易登记处、国家海关总署、国家税务局、罗马尼亚边防警察局、个人档案和数据库管理局、内政部护照总局以及金融银行机构免费获取必要的信息。❷

---

❶　第 3 编第 2 章第 181 条第（1）款由 2019 年 1 月 8 日第 15 号法律第 1 条第 8 点予以增补，并于 2019 年 1 月 11 日由第 33 号罗马尼亚官方公报发布。

❷　参见关于国家税务局组织和运作的第 520/2013 号政府决定，于 2013 年 7 月 30 日罗马尼亚第 473 号官方公报第 1 部分公布，并予以修订和增补。

第 182 条

罗马尼亚版权局根据第 181 条的规定实施监督管理工作的，被监管人有义务提供监管部门要求的任何文件和信息，并在被要求时提供其复制件。

第 183 条

（1）罗马尼亚版权局开展第 181 条第（1）款（h）项规定的监管活动的，必须事先通知被监管集体管理组织，并说明目的。罗马尼亚版权局可以进行每年一次的例行检查，并在检查开始前 10 日通知，也可以在必要时对被投诉事项进行临时检查，并提前 3 日通知。

（2）罗马尼亚版权局进行监管的，总负责人有义务提交监管部门要求的任何文件和信息，并应要求提交其复制件。监管部门可以就发现的情况向总负责人以及雇员进行解释说明。

（3）罗马尼亚版权局监管部门的监管结论，连同总负责人的意见，都应记录在报告中。

（4）根据监管结论发现存在违规情形的，罗马尼亚版权局可以决定将报告提交至该集体管理组织的会员大会，并由会员大会在第一次常会*上进行讨论。

第 184 条

（1）罗马尼亚版权局经例行检查或者投诉后发现，集体管理组织没有遵守本法规定的义务的，除应受违法或者刑法处罚的行为外，应当责令采取必要措施整改，并通过罗马尼亚版权局局长的决定给予 3 个月整改期间。

（2）根据第（1）款规定责令采取的措施必须清楚、准确，并说明法律依据。

（3）第（1）款规定的期限届满后，罗马尼亚版权局应当核实措施的履行情况，发现没有履行的，应根据罗马尼亚版权局局长的决定，责令该集体管理组织暂停活动。

（4）根据经修订和补充的第 554/2004 号罗马尼亚行政诉讼法，可以对第（3）款规定的决定提出初步申诉。

---

* 此处"常会"在原文中为"ordinary meeting"，指依规定在一定期间内举行的会议。——译者注

（5）集体管理组织采取第（1）款规定的措施后，罗马尼亚版权局局长应当决定撤销暂停措施。

（6）第（1）款至第（5）款的规定也相应地适用于独立管理实体的情况下有关该等实体的法律规定。

第3章 保护措施、诉讼和制裁

第1节 技术保护措施和权利管理信息

第185条

（1）作品的作者、表演者、录音录像制品的制作者、广播电视组织或者数据库的制作者可以采取技术措施，保护本法规定的权利。

（2）本法所称的技术措施，是指在其正常运作过程中，采取任何技术、装置或者部件，旨在防止或者限制未经本法规定的权利人许可的行为。

（3）权利人通过访问控制或者保护程序，例如加密、编码、加扰或者其他转换，或者通过复制控制机制，控制对作品或者其他受保护对象的使用，从而达到保护目的的，技术措施应被视为有效。

（4）对于符合第33条第（1）款（a）项、（c）项和（e）项、第35条第（2）款（d）项和（e）项、第35－1条和第39条规定例外情形的受益人，已采取技术保护措施的权利人必须为其合法地获取作品或者其他受保护客体提供必要手段。权利人也有权限制在上述条件下制作的复制件数量。❶

（5）第（4）款的规定不适用于根据双方约定的合同条款向公众提供的受保护作品，使公众得以在自行选择的任何时间和地点单独接触作品。

第186条

（1）本法规定的权利人可以通过电子形式针对作品或者其他受保护客体，或者在向公众传播作品时，提供权利管理信息。

（2）本法所称的权利管理信息，是指由权利人提供的任何可以识别作品或者其他受本法保护的客体、作者或者其他权利人的信息，以及作品或者任何其他受保护客体的使用条件和条款，以及代表此类信息的任何数字或者代码。

---

❶ 第3编第3章第1节第185条第（4）款由2019年1月8日第15号法律第1条第9点予以修订，并于2019年1月11日由第33号罗马尼亚官方公报发布。

第 2 节 诉讼和制裁

第 187 条

（1）侵犯本法承认和保障的权利的，将视情况而定依法承担民事、违法或者刑事责任。相应的程序由本法规定，并适用普通法规定。

（2）因本法保护的权利受到侵害而提起诉讼的，应申请人的合理请求，法院有权要求侵权人和/或者任何其他符合下列条件的人提供有关侵犯本法规定权利的商品或者服务的来源和发行渠道的信息：

（a）为了商业目的而持有盗版商品；

（b）为了商业目的使用侵犯本法保护的权利的服务；

（c）为了商业目的提供用于侵犯本法保护的权利的活动的商品或者服务；

（d）本款（a）项、（b）项或者（c）项规定的任何人员表示参与了生产、实施、制造、发行或者出租盗版商品或者盗版访问控制设备，或者提供用于侵犯本法保护的权利的商品或者服务；

（3）第（2）款规定的信息应（视情况而定）包括：

（a）商品、设备或者服务的生产者、制造者、发行者、提供者和其他在先持有人（包括承运人）以及承销的批发商和零售商的名称和地址；

（b）关于生产、制造、交付或者运输、接受或者订购商品、设备或者服务的数量以及价格。

（4）第（2）款和第（3）款的规定应适用于下列其他法律规定，但不得产生不利影响：

（a）授予权利人获得广泛信息的权利；

（b）规定在民事或者刑事案件中使用根据本条传达的信息；

（c）规定对滥用信息权的责任；

（d）有可能拒绝提供可能迫使第（1）款所述人员承认其本人或者其近亲属参与侵犯本法保护权利的活动的信息；

（e）为信息来源或者个人数据处理提供保密性保护。

第 188 条

（1）本法承认和保障的权利人可以向法院或者其他主管机构（视情况而定）请求确认权利以及确认侵权行为，并就侵权造成的损害要求赔偿。管理

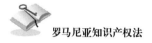

组织、反盗版协会或者获授权行使受本法保护的权利的人，可以根据授权目的，代表权利人并以其名义提出同样的请求。权利人提起诉讼的，被授权行使受本法保护的权利的人可以参加诉讼，对其遭受的损害请求赔偿。

（2）在确定损害赔偿时，法院应当考虑下列因素：

（a）负面经济后果标准，特别是非劳动所得利益、违法者非法所得利益，以及（视情况而定）对权利人造成的精神损害等经济因素以外的其他因素；

（b）本款（a）项所述标准无法适用的，裁定赔偿金额为非法行为所涉及的使用类型依法应得金额的3倍。

（3）权利人或者第（1）款所述人员提出可信证据，证明他人实际侵犯或者即将侵犯其著作权，可能造成难以弥补的损害的，可以向法院申请临时措施。法院可以特别责令实施下列措施：

（a）禁止或者临时禁止侵权行为；

（b）为保全证据采取必要措施；

（c）采取措施确保补救损害；为此，法院可以责令对被指控侵犯本法规定的权利的人的动产和不动产采取保全措施，包括冻结其银行账户和其他资产，为此，主管机关可以责令提交银行、金融或者商业文件或者适当获取相关资料；

（d）为防止涉嫌侵犯本法规定权利的货物流入市场，责令收缴或者移交至主管机关。

（4）适用的程序规定载于罗马尼亚民事诉讼法中有关知识产权领域临时措施的规定。

（5）在同等条件下，可以要求对为第三方提供用于侵犯受本法保护权利的服务的提供者采取同样的措施。

（6）第（3）款和第（5）款规定的措施可以包括带样本或者不带样本的详细描述，或者实际扣押诉争货物和（视情况而定）用于生产和/或者销售此类货物的材料和工具以及相关文件。在适用罗马尼亚刑事诉讼法第169条至第171条的规定时，应当考虑采取上述措施。

（7）法院可以授权取走能够证明侵犯著作权或者邻接权的物品和文件的原件或者复印件，即使该等物品和文件由对方当事人持有。对于商业规模的侵权行为，主管机关也可以责令提交银行、金融或者商业文件，或者适当获取相关信息。

（8）为采取第（3）款和第（7）款规定的措施，在保护机密信息的前提下，法院应当要求原告提供任何可合理取得的证据，以充分确定地证明其权利已经受到或者即将受到侵犯。法院可酌情认定作品或者其他受保护客体被视为充分证据的数量。在该情况下，法院可以要求原告缴纳足够的保证金，以确保对被告可能遭受的任何损失进行赔偿。

（9）法院责令的保全证据或者确定事实状况的措施，应当由法警来执行。被侵犯或者存在被侵犯风险的权利人或者其代理人有权参与执行前述措施，以保全证据或者确定事实状况。

（10）被侵权人可以请求法院责令执行下列任一措施：

（a）为弥补所遭受的损害，要求侵权行为人返还因侵权行为所得的利益；

（b）销毁侵权行为人专门或者主要用于实施侵权行为的设备和工具；

（c）通过扣押和销毁，禁止非法制作的复制件在市场流通；

（d）传播与法院判决有关的信息，包括发布以及在媒体上全部或者部分公开判决书，费用由侵权行为人承担；在同等条件下，法院可以根据案件的特殊情形，责令采取额外宣传措施，包括广泛宣传。

（11）法院应当责令由侵权行为人承担执行第（10）款规定措施的费用，但侵权行为人有合理理由不承担的情况除外。

（12）第（10）款（b）项和（c）项规定的措施，也可由检察官在刑事诉讼阶段结案时责令执行。对于侵犯受本法保护的建筑作品权利的建筑，根据案情无须摧毁该建筑的，第（10）款（c）项的规定不适用。

（13）在责令采取第（10）款规定的措施时，法院应当遵守与本法所保护的权利受侵犯的严重程度相称的原则，并应当考虑可能受到该等措施影响的第三方利益。

（14）在侵犯本法规定的权利的案件中，司法机关有义务通知各方当事人其所采取的解决办法。

（15）罗马尼亚政府应当通过罗马尼亚版权局支持由专业协会和组织制定社区层面的行为准则，以促进确保遵守现行法律规定的权利，特别是在利用光盘上的代码识别制造商方面。此外，罗马尼亚政府还应当支持向欧盟委员会提交国家或者社区层面的行为准则草案，并评估其应用情况。

第 189 条

（1）在各类诉讼、协商、法律行为以及民事或者刑事诉讼的整个过程和任何阶段或者诉讼之外，著作权人或者邻接权人可以由特别授权的律师代理。

（2）对于开始刑事诉讼，以及撤销先前的申诉和各方的和解，如果授权书是为了在任何侵犯著作权或者邻接权的情况下代表著作权人或者邻接权人而发出的，视为特别授权。

第190条

下列行为构成违法行为，可处以3000—30000列伊的罚款：

（a）违反第24条第（5）款的规定；

（b）违反第89条和第90条的规定；

（c）违反第114条第（3）款的规定；

（d）使用者不遵守第149条第（4）款或者第（8）款的规定；

（e）违反第162条（b）项、（e）项、（g）项、（i）项、（k）项、（l）项、（p）项和（q）项，第170条第（2－1）款以及第172条第（1）款的规定；❶

（f）未经本法规定的权利人授权或者同意，固定表演或者广播电视节目的内容；

（g）未经本法规定的权利人授权或者同意，向公众传播作品或者享有邻接权的产品；

（h）使用者违反第35－2条第（2）款和第162条（f）项的规定。❷

第191条

（1）获得授权的法人或者自然人允许他人为实施本法规定的犯罪而进入其场所、获取设备设施、运输工具、商品或者服务，如果不构成犯罪则构成违法行为，可处以10000—50000列伊的罚款，并没收盗版货物或者盗版访问控制设备。

（2）1年内再次实施第（1）款规定的行为，并构成第193条规定的犯罪的，司法机关可以适用额外的制裁，责令法人暂停全部或者其中一项业务，最长可达6个月。

---

❶ 第3编第3章第2节第190条（e）项由2020年1月9日第8号法律第1条第2点予以修订，并于2020年1月10日由第14号罗马尼亚官方公报公布。

❷ 第3编第3章第2节第190条由2019年1月8日第15号法律第1条第10点予以增补，并于2019年1月11日由第33号罗马尼亚官方公报公布。

第 192 条

（1）第 190 条规定的制裁也适用于法人。法人涉嫌向公众传播享有著作权的作品或者邻接权的产品的，根据其行为目的，违法行为的罚款限额应当增加 2 倍。

（2）第 190 条和第 191 条规定的违法行为由罗马尼亚版权局局长授权的人员、官员、地方警察，或者内务部负责该领域的人员依法查处。

（3）违法者自收到违法行为告知单之日起 48 小时内支付罚款的，可以免交本法规定的最低罚款的一半。

第 193 条

（1）下列行为构成犯罪，可判处 6 个月至 3 年有期徒刑或者罚金：

（a）为了发行目的而制造盗版商品；

（b）将盗版商品置于最终进口或者出口的海关程序、暂缓海关程序或者自由贸易区；

（c）通过其他方式将盗版商品投入国内市场。

（2）为了发行目的提供、发行、占有、储存或者运输盗版商品的，适用第（1）款规定的处罚。

（3）为了商业目的，实施第（1）款和第（2）款规定的行为的，可判处 2 年至 7 年有期徒刑。

（4）出租或者为出租提供盗版商品的，适用第（3）款规定的处罚。

（5）通过公告或者电子通信方式，或者通过向公众展示或者介绍产品清单或者目录，或者通过其他类似方式宣传盗版商品的，均构成犯罪，可判处 3 个月至 2 年有期徒刑或者罚金。

（6）本法所称的盗版商品，是指所有复制件，无论采取何种物质载体，只要未经权利人或者权利人合法授权的人同意，直接或者间接、全部或者部分从享有著作权或者邻接权的产品、包装或者封面制作而成。

（7）本法所称的商业目的，是指以直接或者间接获得经济或者物质利益为目的。

（8）以复制、发行、出租、储存或者运输享有著作权或者邻接权的产品为业，并在经营场所、工作场所、附属设施或者运输工具中发现盗版商品的，应当推定具有商业目的。

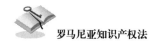

第 194 条

未经权利人同意，通过互联网或者其他计算机网络等向公众提供享有著作权、邻接权或者数据库制作者特别权利的产品或者复制件，无论采用何种物质载体，使公众可以在其自行选择的任何地方和任何时间访问产品的，均构成犯罪，可判处 6 个月至 3 年有期徒刑或者罚金。

第 195 条

未经授权通过安装、储存、运行或者执行、显示或者在国内网络中传输的方式在计算机系统上复制计算机软件的，均构成犯罪，可判处 6 个月至 3 年有期徒刑或者罚金。

第 196 条

（1）未经本法规定的权利人授权或者同意实施下列行为的，均构成犯罪，可判处 1 个月至 1 年有期徒刑或者罚金：

（a）复制作品或者享有邻接权的产品；

（b）在国内市场发行、出租或者进口作品或者享有邻接权的产品，而非盗版商品；

（c）广播作品或者享有邻接权的产品；

（d）有线电视转播作品或者享有邻接权的产品；

（e）制作演绎作品；

（f）为了商业目的固定表演或者广播电视节目。

（2）本法所称的享有邻接权的产品，是指被固定的表演、录音制品、录像制品或者广播电视组织的自有节目或者服务。

第 197 条

（1）全部或者部分盗用他人作品并将其作为自己的智力创造的，构成犯罪，可判处 6 个月至 3 年有期徒刑或者罚金。

（2）当事人和解可以免除刑事责任。

第 198 条

（1）以任何方式制造、进口、发行、占有、安装、维护或者更换用于附条件访问节目服务的原始或者盗版访问控制设备的，均构成犯罪，可判处 6 个月至 3 年有期徒刑或者罚金。

（2）非法接入附条件访问软件的程序或者非法将他人接入附条件访问软件的程序的，均构成犯罪，可判处 3 个月至 2 年有期徒刑或者罚金。

（3）利用公共广告、电子通信方式来推广附条件访问节目服务的盗版访问控制设备，以及以任何方式非法向公众展示或者介绍任何种类设备的制造所需的信息，以确保未经授权访问上述附条件访问的节目服务，或者未经授权意图通过任何方式访问上述服务的，均构成犯罪，可判处 1 个月至 1 年有期徒刑或者罚金。

（4）出售或者出租盗版访问控制设备的，可判处 1 年至 5 年有期徒刑。

（5）本法所称的盗版访问控制设备，是指为方便访问，未经本法规定的权利人同意制作的与附条件访问电视节目服务有关的设备。

第 199 条

（1）非法制造、进口、发行或者出租、提供、以任何方式销售或者出租，或者为商业目的占有可使技术保护措施失效的装置或者部件，或者提供导致技术保护措施失效的服务，包括在数字环境中实施上述行为的，均构成犯罪，可判处 6 个月至 3 年有期徒刑或者罚金。

（2）为了商业目的，非法从作品或者其他受保护的产品中删除或者更改任何有关著作权或者邻接权适用制度的电子信息的，均构成犯罪，可判处 3 个月至 2 年有期徒刑或者罚金。

第 200 条

（1）在提起刑事诉讼之前，向主管部门告发其为了实施第 193 条规定的犯罪行为而参与社团或者达成协议，从而使得其他参与者能够被查明并被追究刑事责任的，不受处罚。

（2）实施第 193 条规定的犯罪行为，但在刑事诉讼过程中告发、协助查明并起诉其他犯有与盗版货物或者盗版访问控制设备有关罪行的，可在法律规定的惩罚限度内减半惩罚。

（3）在一审法院调查结束前，实施本法规定的犯罪行为但已经赔偿对权利人造成的损失的，可在惩罚限度内减半惩罚。

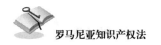

第4编　本法的适用

过渡性条款和最后条款

第201条

下列客体受本法保护：

（a）罗马尼亚公民创作的作品，即使作品尚未发表；

（b）作者是居住在罗马尼亚的自然人或者总部设在罗马尼亚的法人创作的作品，即使作品尚未发表；

（c）在罗马尼亚境内建成的建筑作品；

（d）表演者在罗马尼亚境内进行的表演；

（e）表演者固定在受本法保护的录音制品中的表演；

（f）表演者未固定在录制品中的表演，但通过受本法保护的广播电视节目传播；

（g）居住在罗马尼亚的自然人或者总部设在罗马尼亚的法人制作的录音录像制品；

（h）在罗马尼亚境内首次在物质载体上固定的录音录像制品；

（i）总部设在罗马尼亚的广播电视组织播放的广播电视节目；

（j）总部设在罗马尼亚的转播组织转播的广播电视节目。

第202条

外国自然人或者法人、著作权人或者邻接权人，应当享有罗马尼亚加入的国际公约、条约和协定所提供的保护，否则应当享有与罗马尼亚公民同等的待遇，条件是罗马尼亚公民在相关国家获得同等（国民）待遇。

第203条

为实施本法规定，可以通过相关规定制定措施，包括有关应用和使用代码识别来源的措施，以打击进口、制造、复制、发行或者出租盗版商品或者用于附条件访问节目服务的盗版访问控制设备，以及使用特殊标记来证明支付私人复制补偿性报酬。

第 204 条

（1）为了使登记作为证明罗马尼亚境内完成作品的证据，设立国家作品登记处，由罗马尼亚版权局管理。登记自愿有偿，适用政府制定的方法规范和收费标准。

（2）作品的存在和内容可以通过任何形式的证据来证明，包括集体管理组织的作品库。

（3）本法所述作者和其他权利人或者作者专有权利的持有人有权在作品的原件或者合法制作的复制件上根据惯例注明保留作品使用的标志，该标志由一个圆圈和圆圈中间的字母 C 代表的符号组成，并附有名称、首次出版的地点和年份。

（4）录音制品的制作者、表演者和本法所述制作者或者表演者的专有权利的其他持有人，有权在录音录像制品的原件或者合法制作的复制件上，或者在其包装盒或者封套上，根据惯例注明保留使用的标志，该标志由一个圆圈和圆圈中间的字母 P 代表的符号组成，并附有名称、首次出版的地点和年份。

（5）如无相反证明，应当推定存在第（3）款和第（4）款规定的符号或者第 105 条和第 109 条规定的标志表明的专有权，并属于使用该标志的人。

（6）第（3）款至第（5）款的规定不应当决定本法规定和保障的权利的存在。

（7）作者和权利人在作品被列入集体管理组织的作品库之后，可以仅为让公众了解的目的将其笔名或者艺名予以登记。

第 205 条

（1）在本法生效前缔结的合同应当根据缔结时适用的法律产生效力，但规定转让作者未来可能创作的任何作品的使用权的条款除外。

（2）在本法生效前创作的作品，包括计算机程序、表演、录音录像，以及电视广播组织的节目，符合第（1）款规定条件的，也应当受本法保护。

（3）在本法生效前去世的作者创作的作品，按照先前的法律财产权保护期尚未到期的，应当延长至本法规定的期限。该延长应当只在本法生效后生效。

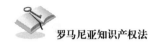

第 206 条

（1）工具、图纸、模型、手稿和直接用于创作享有著作权的作品的任何其他物品，不得被扣留。

（2）因使用作品而向作者支付的款项，应当享有与工资同等的保护，并且只能在同等条件下进行追讨。该款项应当根据该领域适用的税法进行征税。

第 207 条

所有与著作权和邻接权有关的诉讼都应当根据本法和一般法律的规定由法院管辖。

第 208 条

（1）意图通过国家规定规范新型邻接权的，应当向欧盟委员会通报，并说明规范该等权利的基本理由以及相应的保护期。

（2）在本法所涉领域内通过的任何国家规定应当向欧盟委员会通报。

（3）适用第 137 条第（2）款规定的广播组织名单应当提交给欧盟委员会。

（4）罗马尼亚版权局负责将第（1）款至第（3）款规定的函件提交给欧盟委员会。

第 209 条

本法吸收了下列共同体立法的规定：

（a）1991 年 5 月 14 日欧洲理事会第 91/250/EEC 号关于计算机软件的法律保护的指令，于 1991 年 5 月 17 日欧洲共同体官方公报（L 122）公布；

（b）1992 年 11 月 19 日欧洲理事会第 91/100/EEC 号关于知识产权领域出租权、借阅权以及与著作权有关的其他权利的指令，于 1992 年 11 月 24 日欧洲共同体官方公报（L 346）公布；

（c）1993 年 9 月 27 日欧洲理事会第 93/83/EEC 号关于统一适用通过卫星和有线方式转播节目的著作权和邻接权规定的指令，于 1993 年 10 月 6 日欧洲共同体官方公报（L 248）公布；

（d）1993 年 10 月 29 日欧洲理事会第 93/98/EEC 号关于统一著作权和邻接权保护期的指令，于 1993 年 11 月 24 日欧洲共同体官方公报（L 290）

公布；

（e）1996 年 3 月 11 日欧洲议会和欧洲理事会第 96/9/EC 号关于数据库法律保护的指令，于 1996 年 3 月 27 日欧洲共同体官方公报（L 077）公布；

（f）2001 年 3 月 22 日欧洲议会和欧洲理事会第 2001/29/EC 号关于协调信息社会中著作权和邻接权若干问题的指令，于 2002 年 1 月 10 日欧洲共同体官方公报（L 006）公布；

（g）2001 年 9 月 27 日欧洲议会和欧洲理事会第 2001/84/EC 号关于原创艺术作品作者利益的转售权指令，于 2001 年 10 月 13 日欧洲共同体官方公报（L 272）公布；

（h）2004 年 4 月 29 日欧洲议会和欧洲理事会第 2004/48/EC 号关于知识产权执行的指令，于 2004 年 4 月 30 日欧洲共同体官方公报（L 157）公布；

（i）2011 年 9 月 27 日欧洲议会和欧盟理事会第 2011/77/EU 号关于著作权和某些邻接权的保护期的指令，修订了第 2006/116/EC 号指令，于 2011 年 10 月 11 日欧盟官方公报（L 265）公布；

（j）2012 年 10 月 25 日欧洲议会和欧洲理事会第 2012/28/EU 号关于孤儿作品允许使用行为的指令，于 2012 年 10 月 27 日欧盟官方公报（L 299）公布；

（k）2014 年 2 月 26 日欧洲议会和欧洲理事会第 2014/26/EU 号关于著作权和邻接权的集体管理以及国内市场在线使用音乐作品权利的跨境许可的指令，于 2014 年 3 月 20 日欧盟官方公报（L 84）公布；

（l）2017 年 9 月 13 日欧洲议会和欧洲理事会第 2017/1564 号关于为盲人、视力障碍者或者其他印刷品阅读障碍者的利益允许使用某些著作权和邻接权的指令，修订了第 2001/29/EC 号关于协调信息社会中著作权和邻接权若干问题的指令，于 2017 年 9 月 20 日欧盟官方公报（L 242）公布。❶

第 210 条

在本法生效之日活跃的集体管理组织，应当自本法生效之日起 6 个月内强制遵守第 151 条的规定。❷

---

❶ 第 4 编第 209 条由 2019 年 1 月 8 日第 15 号法律第 1 条第 11 点予以增补，并于 2019 年 1 月 11 日由第 33 号罗马尼亚官方公报公布。

❷ 参见第 212 条第（1）款，即重新公布前第 154 条第（1）款。

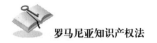

第 211 条

本法的规定应当由一般法律规定予以补充。

第 212 条

（1）本法于罗马尼亚官方公报公布之日起 90 日后生效。❶

（2）1956 年 6 月 21 日关于著作权的第 321 号法令，经后续修订以及任何其他与本法相反的规定，应当于同日废除。

（3）自本法生效后 6 个月内，第 163 条和第 164 条规定的关于本地广播组织应支付报酬的最低金额的方案，应当根据本法进行重新谈判，以便与广播的潜在接收者成比例。❷

注释：

第 123/2005 号政府紧急法令第 2 条修订和补充了关于著作权与邻接权法的第 8/1996 号规定，并由第 329/2006 号法律修订和补充，这些规定未被纳入重新公布的第 8/1996 号法律，作为修正案的具体规定继续适用，转载如下：

第 2 条

（1）在本紧急法令生效之日，下列法律规定同时废除：

（a）第 504/2002 号广播法第 96 条第（1）款（c）项，于 2002 年 7 月 22 日由第 534 号罗马尼亚官方公报第 1 部分公布，后续经修订和补充；

（b）第 7/2004 号关于附条件获取服务的法律保护的政府决议第 5 条和第 6 条，于 2004 年 1 月 20 日由第 46 号罗马尼亚官方公报第 1 部分公布；

（c）第 45/2000 号关于打击未经授权制造销售录音制品的政府法令第 6 条第（1）款，于 2000 年 1 月 31 日由第 41 号罗马尼亚官方公报第 1 部分公布，并经第 624/2001 号法律修订和补充；

（d）第 124/2000 号打击音频、视频和计算机程序领域的盗版，完善著作权与邻接权法律框架的政府法令第 3 条第（2）款，于 2000 年 9 月 2 日由第 427 号罗马尼亚官方公报第 1 部分公布，并经第 213/2002 号法律修订和补充；

（e）第 143/2003 号关于批准为商业目的的出版的录音制品或者其复制件的使用方法以及向表演者以及录音制品制作者支付使用费的计划表的政府决议第 4 条，于 2003 年 3 月

❶ 第 8/1996 号法律于 1996 年 3 月 26 日由第 60 号罗马尼亚官方公报第 1 部分公布。
❷ 第 212 条第（3）款，即本法生效前 154 条第（3）款由第 261/2015 号法律予以修订，并于 2015 年 11 月 5 日由第 826 号罗马尼亚官方公报第 1 部分公布。

10 日由第 151 号罗马尼亚官方公报第 1 部分公布;

（f）第 143/2003 号关于批准集体管理组织使用视听作品库的方式以及包含向除音乐作品作者以外的作者支付使用费的计划表的政府决议第 4 条，于 2003 年 3 月 10 日由第 151 号罗马尼亚官方公报第 1 部分公布;

（2）本紧急法令生效前规范性法律规定的有关罗马尼亚版权局调查侵权行为和实施违规制裁的权力将于第（1）款规定的日期停止适用。

第 74/2018 号法律第 2 条，修订和补充了第 8/1996 号著作权与邻接权法的规定，该规定未被纳入重新公布的第 8/1996 号法律，作为本法相关规定继续适用，转载如下:

第 2 条

（1）著作权与邻接权的集体管理组织有义务自本法生效后的 12 个月内，根据第 1 条的规定，修改其章程。

（2）关于著作权与邻接权法的第 8/1996 号法律第 131 条所规定的方案，经修订和补充，应当继续有效，直至约定的期限届满。

（3）根据第 8/1996 号著作权与邻接权法第 131 条❶和第 131 - 1 条❷制定的方案规定，以及后续的修订和补充，其中包含适用于广播的固定或者最低款项/报酬的规定，违反了本法修订的第 131 - 1 条第（2）款规定，自本法在罗马尼亚官方公报第 1 部分公布之日起 90 日期限届满后，不再适用。

---

❶ 重新公布后为第 163 条。
❷ 重新公布后为第 164 条。

专利法

专利法 [*]

罗马尼亚专利法❶（第 64/1991 号法律❷），2014 年 8 月 19 日第 613 号罗马尼亚官方公报第 1 部分重新公布。

第 1 章　一般规定

第 1 条

（1）发明的权利，应当由国家发明与商标局依据法律规定的条件通过授予专利在罗马尼亚境内予以认可和保护。

（2）根据法律规定，产生于欧洲专利的权利也应当获得承认和保护。

第 2 条

在本法中，下列术语和短语应当具有的含义分别是：

（a）欧洲专利：根据《欧洲专利公约》授予的专利；

（b）国际申请：为保护发明而根据《专利合作条约》提出的申请；

（c）工业产权律师：在工业产权领域（发明、商标、外观设计等）专门提供协助，并且合法从事上述活动的个人；

（d）《欧洲专利公约》：1973 年 10 月 5 日于慕尼黑缔结的《关于授予欧洲专利的公约》，该公约经 1991 年 12 月 17 日通过的《关于修订〈欧洲专利

　＊　本译文根据世界知识产权组织官网公布的罗马尼亚专利法英语版本翻译，同时参照了日本特许厅（JPO）官网发布的罗马尼亚专利法英语译本。——译者注

　❶　本文本根据公布于 2014 年 6 月 26 日第 471 号罗马尼亚官方公报第 1 部分的第 83/2014 号职务发明法第 18 条的规定重新编号，并重新公布。

　❷　第 64/1991 号专利法于 2007 年 8 月 8 日由第 541 号罗马尼亚官方公报第 1 部分公布，由 2007 年 9 月 18 日第 638 号罗马尼亚官方公报第 1 部分予以修订，后续被下列法律所修正：

　第 76/2012 号关于适用第 134/2010 号《民事诉讼程序法》的法律以及该法的后续修正案，该法律公布于 2012 年 5 月 30 日第 365 号罗马尼亚官方公报第 1 部分；

　第 187/2012 号关于适用第 286/2009 号《刑法》的法律以及该法的后续修正案，该法律于 2012 年 11 月 12 日第 757 号罗马尼亚官方公报第 1 部分公布，后续修正案于 2013 年 3 月 1 日第 117 号罗马尼亚官方公报第 1 部分公布。

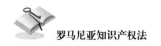

公约〉第 63 条的法案》，欧洲专利局行政委员会于 1978 年 12 月 21 日、1994 年 12 月 13 日、1995 年 10 月 20 日、1996 年 12 月 5 日和 1998 年 12 月 10 日通过的决定，以及 2000 年 11 月 20 日于慕尼黑通过的修订法案修订；

（e）《巴黎公约》：经修订和变更的 1883 年 3 月 20 日《保护工业产权巴黎公约》；

（f）说明书：发明的书面表述；

（g）发明人：创造发明的人；

（h）专业代理人：亦可在国家发明与商标局的程序中从事代理活动的工业产权律师；

（i）OSIM：国家发明与商标局；

（j）原始权利人：提交专利申请前有权获得专利权的自然人或者法人；

（k）公布：以公众可接收的方式传播信息；

（l）申请人：申请授予专利权的自然人或者法人；

（m）权利继受人：专利授予权或者产生于专利的权利发生转移时，承继权利的任何自然人或者法人；

（n）权利要求书：专利申请文件的组成部分，包括请求保护的客体以及能够确定保护范围的内容；

（o）专利权人：拥有专利所授予权利的自然人或者法人；

（p）雇主：合法经营的法人；

（q）发明实施人：合法应用发明的自然人或者法人。

发明实施人可以是专利权人本人。

第 3 条

专利权应当归属于发明人或者其权利继受人。

第 4 条

（1）发明由多个发明人共同创造的，各发明人都应当具有共同发明人的地位，并且权利应当共同归属于所有发明人。

（2）两个或者两个以上的人独立创造相同发明的，专利权应当归属于提出载有最早申请日的专利申请的人。

第 5 条

根据罗马尼亚参与缔约的国际条约和公约,在罗马尼亚境外有住所或者注册办事处的外国自然人或者法人受本法保护。

第 2 章　可授予专利权的发明

第 6 条

(1) 专利应当授予在全部技术领域中以产品或者方法为客体的任何发明,只要该发明具有新颖性、创造性,并且适于产业应用。

(2) 下列情形中,生物技术领域的发明可被授予专利权:

(a) 从自然环境中分离出来或者由任何技术方法制造出来的生物材料,即使它此前存在于自然界中;

(b) 植物或者动物,如果该项发明的技术可行性并不局限于特定的植物品种或者动物品种;

(c) 一种微生物学方法或者其他技术方法,或者通过上述方法获得的除植物品种或者动物品种之外的产品;

(d) 从人体中分离出来或者由技术方法制造出来的元素,包括一个基因的序列或者部分序列,即使该元素的构造与自然元素的构造相同。

第 7 条

(1) 现特别指明下列对象不得视为第 6 条所指的发明:

(a) 发现、科学理论和数学方法;

(b) 美学创造;

(c) 执行智力活动、开展游戏或者商业活动的计划、规则和方法,以及计算机程序;

(d) 资料的呈示。

(2) 本条第(1)款规定应排除其提及的客体或者活动的可专利性,但只限于专利申请或专利与该客体或活动相关。

第 8 条

(1) 根据本法,不应授予下列对象专利权:

（a）其实施将违背公共秩序与道德的发明，包括对人类、动物或者植物的健康或者生命有害的发明，以及可能严重危害环境的发明，但该可专利性的例外不应当仅仅取决于实施行为被法律规定所禁止；

（b）植物品种和动物品种，以及本质上以生产植物或者动物为目的的生物方法。本规定不适用于微生物方法或者因此而获得的产品；

（c）在其形成和发展的各个阶段以人体为客体的发明，以及仅仅是发现其中一个元素的发明，包括一个基因的序列或者部分序列；

（d）通过外科手术或者非手术治疗人体或者动物体的方法，以及用于人体或者动物体的诊断方法。

（2）本条第（1）款（d）项的规定不适用于产品，尤其是用于任何此类方法的物质或者成分。

第9条

（1）一项发明如果不构成现有技术的一部分，则视为具有新颖性。

（2）现有技术包括在专利申请日以前以书面或者口头说明、使用或者其他任何方式为公众所知的全部知识。

（3）现有技术还包括向国家发明与商标局提出的专利申请和已经进入罗马尼亚国家阶段的国际申请，或者在提出申请时指定罗马尼亚的欧洲专利申请，但依据本法规定其申请日应早于第（2）款规定的日期，并且在该日期或者其之后公布。

（4）将属于现有技术的物质或者材料用于本法第8条第（1）款（d）项所规定的方法中的，本条第（2）款和第（3）款的规定不得排除该物质或者材料的可专利性，但该物质或者材料在此类方法中的使用不得构成现有技术。

（5）为了其他特定用途，以本法第8条第（1）款（d）项所规定的任何方法使用本条第（4）款所规定的物质或者材料的，本条第（2）款和第（3）款的规定不得排除该物质或者材料的可专利性，但该物质或者材料在此类方法中的使用不得构成现有技术。

第10条

（1）适用本法第9条时，在提出专利申请前6个月内，下列原因产生或下列原因导致发明的信息被披露的，该申请不丧失新颖性：

（a）就申请人或者其合法的原始权利人而言，对该项发明的明显滥用；

（b）申请人或者其合法的原始权利人在官方或者由官方承认的，属于1928 年 11 月 22 日在巴黎签署的《国际展览公约》及其修订文本所规定之列的国际展览会上展出其发明。

（2）只有申请人在提出专利申请时声明其发明已经实际展出，并且在本法实施条例❶所规定的期限内和条件下提交一份支持其声明的文件，方可适用本条第（1）款（b）项的规定。

第 11 条

（1）一项发明如果与现有技术相比，对于一个熟悉该技术领域的人来说是非显而易见的，则视为具有创造性。

（2）本法第 9 条第（3）款所指的专利申请，即使属于现有技术，在判断是否具有创造性时也不予以考虑。

第 12 条

（1）一项发明如果能够在包括农业在内的任何一个产业被制造或者使用，则视为适于产业应用。

（2）基因的序列或者部分序列的产业应用必须在专利申请中披露。

第 3 章　专利申请的登记、公布和审查，专利权的授予

第 13 条

（1）在罗马尼亚提出的专利申请必须包括：

（a）授予专利权的请求书；

（b）申请人的身份信息；

（c）发明的说明书；

（d）一项或者多项权利要求；

（e）说明书或者权利要求中提及的附图。

（2）申请人不是发明人的，专利申请还应当包含足以确定发明人的详细资料，并且附有一份指明专利授予权来源的文件。

（3）本条第（2）款所指的文件应当在对专利申请作出决定之前提交。

---

❶　第 64/1991 号专利法实施条例由第 547/2008 号政府决定批准通过，并于 2008 年 6 月 18 日由第 456 号罗马尼亚官方公报第 1 部分公布。

（4）专利申请应当由有权获得专利权授予的人提出，既可以亲自提出，也可以依据本法实施条例❶所规定的任何方式提出。

（5）在国家发明与商标局的所有程序中，申请人应当被视为有权获得专利权授予的人。

（6）专利申请应当向国家发明与商标局提出，申请人可以选择以书面形式，或者以国家发明与商标局允许和本法实施条例规定的其他任何形式和方式递交。

（7）专利申请应当附有一份摘要，该摘要不得迟于专利申请公布日以前2个月提交。

（8）摘要只能作为技术信息而使用；不得用于其他目的，尤其不能用于解释专利保护范围，也不能用于适用本法第9条第（3）款的规定。

第14条

（1）专利申请日是向国家发明与商标局提交下列内容的日期：

（a）明示或者默示表示请求授予专利权；

（b）足以确定申请人或者能够使国家发明与商标局联系到申请人的信息说明；

（c）表面上看似乎是该发明的说明书。

（2）说明书部分缺失的，为了确定申请日，上述部分可以补交，申请日是提交上述部分并且支付该部分登记费用的日期。

（3）本条第（1）款（c）项规定的说明书缺失部分已经补交但又撤回的，申请日应当是达到本条第（1）款规定要求之日。

（4）本条第（2）款补交的条件以及撤回补交的缺失部分的条件，由本法实施条例规定。

（5）从表面上看，专利申请中缺少说明书这部分内容的，为了确定申请日，在遵守本法实施条例规定的前提下，可以在专利申请中以罗马尼亚文援引此前向任何政府机关提交的在先申请，以代替说明书。

否则，该申请不视为专利申请。

（6）专利申请应当在国家专利申请登记簿上进行登记。

---

❶ 第64/1991号专利法实施条例由第547/2008号政府决定批准通过，并于2008年6月18日由第456号罗马尼亚官方公报第1部分公布。

根据法律的特别规定，登记簿上的信息在工业产权官方公报上公布前不得对公众公开。

（7）在已经支付法定费用的前提下，权利要求书和有关发明的附图可以在专利申请之日起 2 个月内提交。

（8）国际专利申请或者欧洲专利申请的申请日应当是由罗马尼亚参与缔结的国际条约和公约的日期来确定，并且该日期应当记载在国家专利申请登记簿上。

第 15 条

（1）自然人或者法人可以基于正当理由提交外文的说明书、权利要求书和附图，只要自专利申请登记之日或者自进入国家阶段之日起 2 个月内向国家发明与商标局提交上述文件经过认证的罗马尼亚文译本，并且已经支付法定费用。

（2）下列情形视为符合本法有关申请的形式和内容要求：

（a）国际申请符合《专利合作条约》有关形式和内容要求的规定，该条约于 1970 年 6 月 19 日在华盛顿外交会议上缔结，1979 年 3 月 2 日经国会第 81 号法令及其后续修订本文所批准；

（b）国际申请的处理或者审查开始后，符合《专利合作条约》、国家发明与商标局或者欧洲专利局（当其代表国家发明与商标局有关职权时）规定的有关形式和内容的要求。

（3）本法实施条例所规定的有关申请形式和内容的其他任何要求也应当予以遵守。

（4）只要满足本法第 13 条第（1）款或者第 15 条第（1）款的规定，专利申请的提出应当产生正规的国家申请的效力。

（5）正规的国家申请指无论申请的结果如何，只要足以确定申请日的任何申请。

第 16 条

向国家发明与商标局提出符合本法第 13 条第（1）款和第 15 条第（1）款规定的专利申请的任何个人或者其权利继受人，自申请日起，就同一发明的任何在后申请享有优先权。

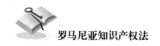

第 17 条

（1）发明应当在专利申请中以充分清楚和完整的方式披露，以便能够被一个熟悉该技术领域的人所实施。

（2）发明涉及一种并不为公众所知晓的生物材料或者对生物材料的使用，而该生物材料或者对生物材料的使用无法以一种能够使发明被一个熟悉该技术领域的人所实施的方式在专利申请中进行描述的，只有申请人在专利申请日以前出具一份文件以证明该生物材料已经保藏于国际保藏机构，才能视为已满足本条第（1）款所规定的要求。

（3）权利要求书应当明确所请求保护的事项，该等事项应当清晰简洁并为发明的说明书所支持。

第 18 条

（1）一件专利申请应当仅仅涉及一项发明，或者涉及可以相互联系以形成一个单独发明概念的一组发明。

（2）不满足本条第（1）款规定条件的专利申请，申请人可以主动或者按照国家发明与商标局的要求进行分案，直至作出有关上述专利申请的决定为止。

（3）分案申请只能请求保护不超出原申请所披露内容的部分。

符合该要求的分案申请应当视为在原申请之申请日提交，并且每一个分案申请都应当享有由此产生的优先权。

第 19 条

（1）已经在《保护工业产权巴黎公约》的任一缔约国或者世界贸易组织的任一成员按时提出专利、实用新型或者实用证书申请的任何人或者其权利继受人，就同一发明在罗马尼亚提交在后专利申请的，在自在先申请提出之日起的 12 个月期间内享有优先权。

（2）根据《保护工业产权巴黎公约》任一缔约国或者世界贸易组织任一成员的域内法规定向该国提出的任何申请都等同于正规的国家申请，享有优先权。

（3）以罗马尼亚为指定国并且已经确定申请日的欧洲专利申请，在罗马尼亚等同于正规的国家申请。在适当的情况下，可以考虑该欧洲专利申请所要求的优先权。

（4）专利申请的申请人可以享有同一发明的在先申请优先权，只要根据本法实施条例的规定，在提出专利申请时一并提出要求在先申请优先权的声明，并且提交优先权的证明文件。

（5）当符合本条第（1）款的规定时，同一件专利申请可以主张多项优先权，但只适用于专利申请中包含所主张优先权的部分；在适当的情况下，就同一权利要求也可以主张多项优先权。

（6）只有作为一个整体在专利申请中被明确披露的部分，其优先权才能被认可。

（7）主张或者可能已主张在先申请优先权的申请，其申请日在优先权期限届满以后但未超过该期限届满后的 2 个月，在支付规定费用的前提下，该优先权也可以被认可，条件是：

（a）根据本法实施条例的规定提出一份明确的要求认可优先权的请求；

（b）在规定的期限内提出该请求；

（c）该请求说明没有遵守优先权期限的原因；

（d）国家发明与商标局认为虽然在后专利申请没有在优先权期限内提出，但是尽到了相关的注意或者未遵守期限限制并非故意。

（8）申请人所要求的优先权属于另一个人的，转让人应当向国家发明与商标局提交一份授权书以证明申请人有权要求在先申请优先权。

（9）该授权应当自主张优先权之日起最多 3 个月内提交。

第 20 条

（1）在先申请的申请人或者其权利继受人在自国家发明与商标局确定的专利申请日起的 12 个月期限内提出一件在后专利申请的，可以就同一发明在在后申请中要求享有国内优先权。

在后申请要求国内优先权的，作为优先权基础的在先申请，如果对其尚未作出决定，则应当被视为撤回。

（2）申请人要求国内优先权的，可以在提交在后申请之日提出或者自在后申请之日起 2 个月内提出。

（3）下列情形中，在在后申请中要求在先申请的国内优先权的，不予认可：

（a）根据本法第 16 条的规定，至少有一件专利申请享有优先权；

（b）对在先申请要求享有国内优先权，该优先权日早于自在后申请日起的 12 个月期限；

（c）没有在本法实施条例规定的期限内提交国内优先权文件。

第 21 条

（1）申请人在提出专利申请之日没有要求优先权的，依照本法实施条例的规定并且在缴纳规定费用的情况下，可以在申请日起 2 个月内提出优先权的要求。

（2）优先权文件应当在自最早的优先权日起的 16 个月期限内，或者在自国家阶段开始之日起的 4 个月期限内提交。

（3）国家发明与商标局认为作为优先权要求基础的在先专利申请的译本有必要进入审查程序的，应当根据本法实施条例的规定，要求申请人提交一份在先申请的经过认证的罗马尼亚语译本。

（4）因不符合本条第（2）款或者本法第 19 条规定而不予认可的优先权要求，国家发明与商标局应当在自申请日或者进入国家阶段之日起 6 个月内作出决定。

第 22 条

（1）按照国内程序提交并且已经成为正规的国家申请的专利申请，应当在自申请日起的 18 个月期间届满后立即公布，优先权已被认可的，应当在自优先权日起的 18 个月期间届满后立即公布，但本法第 38 条第（2）款规定的情形除外。

（2）根据《专利合作条约》提交的专利申请应当在自进入国家阶段之日起的 6 个月期间届满后立即公布。

（3）经自然人权利人或者法人权利人的要求，根据本法实施条例的规定，专利申请可以早于本条第（1）款和第（2）款规定的期限公布。

（4）在本条第（1）款规定的期限届满之前已经作出授予专利权的决定的，专利申请应当与记载该决定的公告一同公布。

（5）本法第 38 条第（2）款规定的专利申请，应当自其信息的保密状态被解除之日起 3 个月内公布。

（6）在 18 个月期间届满之前已经作出驳回决定或者专利申请被撤回或者被视为撤回的，该专利申请不予公布。

（7）专利申请的公布应当记载在工业产权官方公报上，并且根据本法实施条例的规定生效。

第 23 条

（1）依据申请人的要求，国家发明与商标局应当出具一份检索报告，该报告在适当的情况下可以附关于可专利性的书面意见，且国家发明与商标局应当根据本法实施条例的规定公布该检索报告。

（2）检索报告没有与专利申请同时公布的，应当随后公布。

第 24 条

（1）对专利申请进行审查的请求，既可以在该专利申请的申请日或者国家阶段开始之日提出，也可以自申请日或者开始日之日起 30 个月内提出。

（2）包含国家秘密信息的专利申请，审查请求可以在该专利申请的申请日提出，或者在自保密状态被解除之日起 3 个月内提出，但不得迟于本法第 30 条规定的专利权保护期届满前的 30 个月提出。

第 25 条

国家发明与商标局应当审查：

A. 专利申请是否满足：

（a）本法第 5 条的规定；

（b）本法第 13 条至第 15 条规定的申请相关要求；

（c）本法第 19 条、第 20 条和第 21 条规定的享有优先权的要求；

（d）本法第 18 条第（1）款规定的发明单一性要求；

B. 发明，即申请的对象是否：

（a）依照本法第 17 条规定进行披露；

（b）没有被本法第 7 条第（1）款排除可专利性，或者不属于本法第 8 条规定的情形；

（c）满足本法第 6 条和第 9 条至第 12 条规定的可专利性条件。

第 26 条

（1）在正规的国家申请生效之后，或者为了满足授予专利权的条件，国家发明与商标局有权要求申请人提供与申请人或者发明人身份有关的必要解

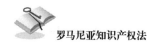

释和文件。

（2）在所有与专利申请或者专利有关的程序中，国家发明与商标局可以向申请人、专利权人或者利害关系人发出通知，申请人、专利权人或者利害关系人也可以在本法实施条例规定的期限内联系国家发明与商标局，经请求并在缴纳规定费用的前提下，国家发明与商标局可以延长该期限。

（3）未通知不得免除申请人、专利权人或者利害关系人遵守本法之义务。

（4）申请人应当向国家发明与商标局提交所有与其发明有关的公开文件，包括其他国家授予专利权的副本。

（5）在决定作出之前，申请人或者其权利继受人可以依据国家发明与商标局的要求或者自行修改专利申请，只要发明的披露没有超出申请日之时专利申请的内容。

第 27 条

（1）在专利申请审查报告的基础上，国家发明与商标局应当通过专业审查委员会决定授予专利权或者决定驳回专利申请。

（2）在下列情形下，国家发明与商标局应当决定驳回专利申请：

（a）专利申请不符合本法第 5 条、第 15 条第（1）款、第 15 条第（4）款以及第 37 条第（2）款规定要求的；

（b）申请所涉及的发明根据本法第 7 条的规定不能取得专利权的，或者属于本法第 8 条规定情形的，或者不符合本法第 6 条、第 9 条、第 11 条和第 12 条规定的可专利性条件的；

（c）申请所涉及的发明不符合本法第 17 条要求的；

（d）国际注册申请的国家阶段开放期限已经届满的；

（e）在本条第（4）款（b）项中，自申请被视为撤回之日起 12 个月的期限已经届满的；

（f）根据本法第 63 条第（2）款（c）项的规定请求驳回专利申请的；

（g）在本法第 28 条第（2）款规定的期限内，申请人（而非发明人）未证明其有权获得专利权授予的；

（h）在第 24 条规定的期限内没有请求对专利申请进行审查以授予专利权的。

（3）国家发明与商标局应当记录专利申请的撤回，前提是申请人以书面形式明确要求撤回。

（4）在下列情形下，专利申请应当被视为撤回：

（a）自请求实质审查之日起 18 个月内没有表明发明人身份的；

（b）在规定的期限内，对于国家发明与商标局要求其说明书和附图的形式应与权利要求书的内容相一致的通知，申请人未作回复的；

（c）作为在后申请优先权基础的在先申请，无论是通过国内程序还是国际程序提交，该申请已经进入罗马尼亚国家阶段的；

（d）属于本法第 63 条第（2）款（b）项规定情形的专利申请的；

（e）申请人在本法第 14 条第（7）款规定的期限内没有提交权利要求书的；

（f）法定费用，即申请费、权利要求书的补交费、国家阶段开放费、公布费或者审查费中任意一项，没有在本法和本法实施条例规定的期限内足额缴纳的；

（g）授予专利权的决定已经作出，但公布费、印刷费和专利颁发费没有在法律规定的期限内缴纳的。

（5）国家发明与商标局作出的关于专利申请的所有决定都应当有根据，应当在国家专利申请登记簿上进行登记，并自决定作出之日起 1 个月内通知申请人。

同一登记簿上应当记载有关撤回专利申请的情况或者专利申请被视为撤回的声明，并通知申请人。

（6）授予专利权或者驳回专利申请的决定，应当自法定的申诉期限届满之日起 1 个月内，根据本法实施条例规定的条件，在工业产权官方公报上公布。

（7）国家发明与商标局应当公布授予专利权的决定，并同时将专利说明书和附图公之于众，前提是公布费、印刷费和专利颁发费已经缴纳。

（8）公布费、印刷费和专利颁发费没有在法律规定的期限内缴纳的，专利申请应当被视为撤回，且该专利权不被视为已经授予。

（9）授予专利权的决定自其在工业产权官方公报上公布之日起生效。

（10）对包含秘密信息的发明作出的授予专利权的决定，在该保密状态被解除之后，应当适用本条第（7）款和第（9）款以及本法第 22 条第（4）款的规定。

（11）自然人申请人死亡或者法人申请人解散的，应当中断审查程序，直到权利继受人根据本法实施条例规定的条件通知国家发明与商标局。

（12）与专利权或者专利授予权有关的司法程序已经启动的，应当暂停专

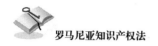

利申请程序，直到法院作出终局判决。

（13）利害关系人应当将本条第（12）款规定的判决结果通知国家发明与商标局。

第 28 条

（1）在发出通知之前，因不符合本法规定的条件，国家发明与商标局可依职权撤销其决定。

（2）国家发明与商标局基于确凿证据认定申请人（而非发明人）无权获得专利权授予的，可以延期通知其所作出的决定，但不超过自该日起的 6 个月期间；在该期间内，申请人不能证明其有权获得该专利权授予的，应当根据第（1）款的规定撤销授予专利权的决定，并驳回专利申请。

第 29 条

（1）专利权应当由国家发明与商标局的总干事根据授予专利权的决定颁发。对于欧洲专利，国家发明与商标局应当根据本法规定确保该专利权在罗马尼亚的有效性。

（2）专利权的授予日期为该授权在工业产权官方公报上公布之日。

（3）专利权应当记载在国家专利登记簿上。

（4）当满足本法规定的条件时，欧洲专利权应当记载在国家专利登记簿上。

第 30 条

（1）专利权保护期应为自申请日起 20 年。

（2）对于欧洲专利，根据《欧洲专利公约》的规定，本条第（1）款规定的保护期应当自该专利申请的正规的国家申请生效之日起算。

（3）根据 1992 年 6 月 18 日关于创建医药产品的补充保护证书的第 1768/92 号理事会条例和 1996 年 7 月 23 日欧洲议会、欧洲理事会关于创建植物保护产品的补充保护证书的第 1610/96 号条例的规定，对于获得专利权的医药产品或者植物保护产品，可以授予补充保护证书。

第 4 章　权利与义务

第 31 条

（1）专利权授予权利人在整个保护期内享有独占实施权。

（2）未经权利人同意，任何人不得实施下列行为：

（a）专利权的客体为产品的，制造、使用、许诺销售、销售该产品或者以使用、许诺销售或者销售为目的而进口该产品；

（b）专利权的客体为方法的，使用该方法或者使用、许诺销售、销售或者为了上述目的而进口依照该方法直接获得的产品。

（3）专利或者专利申请所授予的保护范围应当由权利要求书的内容确定。同时，发明的说明书和附图可以用于解释权利要求书。

（4）授予专利权之前的期间内，专利申请的保护范围应当由本法第22条规定公布的权利要求书确定。

（5）专利权被授予或者在撤销或者部分宣告无效的过程中被修改的，只要保护范围并未因此而扩张，应当根据专利申请追溯既往地确定保护范围。

（6）在确定专利所授予的保护范围时，应适当考虑与权利要求书中描述的要素等同的任何要素。

专利权的客体为方法的，专利所授予的保护范围延伸至依照该专利方法直接获得的产品。

（7）与具有特定特征的生物材料有关的专利所授予的保护范围，应当延伸至通过该专利材料的生殖或者繁殖而获得的，以同种或者异种形式存在并具有相同特征的任何材料。

（8）使得生物材料的生产具有特定特征的方法专利所授予的保护范围，应当延伸至通过该方法直接获得的生物材料，或者通过该方法直接获得的生物材料所产生的任何其他生物材料，或者通过生殖或者繁殖直接获得的生物材料中产生的任何其他材料，这些材料以同种或者异种形式存在并具有相同特征。

（9）包含基因信息或者由基因信息组成的产品专利所授予的保护范围，应当延伸至将产品及其所含有的基因信息吸收于其中并发挥其功能的任何其他材料，但专利形成或者发展的各个阶段中涉及的人体基因除外。

（10）本条第（7）款至第（9）款所指的保护不能延伸至对专利权人或者经其同意在罗马尼亚境内销售或者许诺销售的生物材料进行生殖或者繁殖而获得的生物材料，只要该生殖或者繁殖是对投放市场的生物材料进行利用的必然结果，并且获得的材料没有被用于其他生殖或者繁殖。

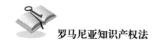

第 32 条

自专利申请按照本法第 22 条第（1）款至第（3）款的规定公布之日起，申请人依据本法第 31 条规定获得临时性保护。

第 33 条

（1）下列行为不构成对本法第 31 条和第 32 条规定权利的侵犯：

（a）有关发明的国际条约或者公约（罗马尼亚是缔约国之一）的缔约国所属的陆上交通工具、航空器或者船舶，暂时地或者偶然地进入罗马尼亚境内，仅为了陆上交通工具、航空器或者船舶自身需要，而使用与陆上交通工具、航空器、船舶的建造和使用以及用于上述操作的装置有关的发明；

（b）在正规的国家申请生效之前，或者在被认可的优先权期间开始之前，除专利权人以外的人已经对该专利权客体或者公布的专利申请的客体实施了本法第 31 条第（2）款所指的行为，或者在罗马尼亚境内出于善意已经采取切实有效的步骤以生产或者实施上述客体；在此种情形下，在正规的国家申请日或者被认可的优先权日的原有范围内，该专利权人以外的人可以继续实施该发明，但使用权不能脱离于该主体用于实施发明的全部或者部分资产而单独转移；

（c）为了私人或者非商业目的而实施本法第 31 条第（2）款所指的行为；为了私人或者非商业目的而生产或者使用发明；

（d）构成发明客体的产品由专利权人或者经其明确同意而合法售出后，在欧盟境内销售或者许诺销售该产品的样品；

（e）仅为非商业的实验目的而使用已经获得专利权的客体；

（f）从专利权人丧失权利到恢复专利权的期间内，第三人出于善意而实施或者已采取切实有效的步骤实施该发明。

在此种情形下，自恢复专利权的公布之日起，在原有范围内，第三人可以继续实施该发明，但对发明的使用权不能脱离于该主体用于实施发明的全部或者部分资产而单独转移；

（g）第三人实施已经声明放弃（专利权）的发明或者该发明的一部分。

（2）出于善意而实施发明或者已经采取切实有效的措施实施发明的人，在没有侵犯专利申请或者欧洲专利的原译本所授予权利的限度内，可以在被认可的译本生效之后，在其企业内部或者出于必要，在不超过原译本生效之日的原有范围内继续实施该发明，且无须支付费用。

第 34 条

（1）发明人享有在被授予的专利权证书中、在其工作履历中以及在其他有关发明的文件或者出版物中表明其全名和身份的权利。❶

（2）专利权人与发明人并非同一个人的，应当向后者颁发一份专利权副本。

（3）经发明人明确要求，不得公布发明人的全名，但不公布的要求以支付规定费用为前提。

第 35 条

发生本法第 40 条第（3）款规定的权利丧失的情形的，专利权人可以基于正当理由，自公布该权利丧失之日起 6 个月内，向国家发明与商标局申请恢复专利权。

在已支付规定费用的前提下，国家发明与商标局应当自登记之日起 60 日内对恢复专利权请求作出决定。

专利权的恢复应当自作出终局决定之日 30 日内在工业产权官方公报上公布。

第 36 条

（1）专利权人可以向国家发明与商标局提交书面声明，放弃全部或者部分专利权。

（2）对于职务发明，专利权人如果有意图放弃专利权，应当通知发明人；经发明人请求，专利权人应当将专利权以及与专利权有关的任何档案资料转移给发明人，条件是雇员授予雇主对该专利发明的非独占许可使用权。

非独占许可使用的授予条件应当依据雇主内部的具体规定确定。

没有具体规定的，该许可使用的授予条件应当经双方协商一致确定。

（3）专利权属于许可协议标的的，放弃专利权需经被许可人同意。

（4）已声明放弃保护的发明或者部分发明，第三人可以自由实施。

（5）对于包含按照本法第 38 条第（2）款规定列为秘密信息的发明，只

---

❶ 参见第 53/2003 号劳动法典第 279 条的规定，及其后续的修订文本。

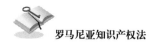

有在该保密状态被解除、授予专利权的决定和该专利发明的说明书、权利要求书及附图按照本法第27条第（6）款的规定被公布之后，专利权人才可以声明放弃该专利权。

（6）放弃专利权应当由国家发明与商标局记载在国家专利登记簿上，并且自在工业产权官方公报上公布之日起生效。

第37条

（1）基于在本法实施条例规定的期限内和条件下向国家发明与商标局提交的代理委托书，申请人、转让人、专利权人或者其他任何利害关系人可以由代理人代理其参加国家发明与商标局的程序。

（2）本条第（1）款中提到的主体，在罗马尼亚境内没有住所或者注册办事处的，必须由代理人进行代理，但是作为例外，上述主体可以以自己的名义进行下列行为：

（a）为确定申请日期而提出专利申请；

（b）支付费用；

（c）提交在先申请的副本；

（d）向国家发明与商标局发出与本款（a）项、（b）项和（c）项的任何程序有关的通知。

（3）维持费可以由任何人缴纳。

（4）在撤销代理委托书的情况下，代理人的署名不再具有与指定该代理人的申请人、权利人或者利害关系人的署名同等的效力。

第38条

（1）已经提交给国家发明与商标局的专利申请，在其公布之前，未经申请人的同意不得披露其发明，并且该发明在被公布之前，应当具有特别法所规定的特征。

（2）在罗马尼亚境内创造并成为专利申请对象的一项发明中如果包含国防和国家安全领域的信息，主管机关可以将该信息列为国家秘密；在此种情况下，主管机关应当通知申请人已经将该信息列为秘密信息，并且申请人可以基于合同获得主管机关根据本法实施条例规定的条件所给予的补偿。

（3）被列为国家秘密的信息的保密状态，可以由将其列为秘密信息的主管机关自由裁量予以解除。

第 39 条

（1）在罗马尼亚境内由罗马尼亚自然人完成的发明，在向国家发明与商标局提出专利申请以前，不得在国外申请专利。

（2）对于包含国家秘密信息的发明，只有在根据本法第 38 条第（3）款的规定解除其保密状态后，才能在国外申请专利。

（3）就本条第（1）款所指的发明在国外申请专利的，罗马尼亚申请人或者专利权人可以依据法律规定获得经费支持。

（4）就本条第（1）款所指的发明在国外申请专利的，完成该发明的罗马尼亚自然人或者其权利继受人应当通知国家发明与商标局。

（5）对于为在其他国家申请发明专利的国际申请的登记，根据《专利合作条约》的规定，国家发明与商标局应当作为受理局。

第 40 条

（1）由国家发明与商标局实施的关于本法及其实施条例所指的专利申请和专利权的程序，应当以按照法律规定的期限足额缴纳费用为条件。

（2）在专利权有效期内，专利权人应当每年缴纳专利维持费。

（3）不缴纳专利维持费将导致专利权人丧失其专利权。

专利权的丧失应当记载在国家专利登记簿上，并在工业产权官方公报上予以公布。

根据本法实施条例规定的条件，亦可预先缴纳不超过 4 年期间的专利维持费。

（4）外国自然人或者法人缴纳费用的，应当以可兑换货币缴纳至国家发明与商标局的账户。

（5）仅涉及更正错误或者遗漏的申诉，无须缴纳费用。

第 41 条

（1）申请人或者专利权人，基于正当理由，未能遵守国家发明与商标局程序的期限限制，在阻止其行动的事由消除之日起 2 个月内，且不得迟于未遵守期限届满之日起 1 年内提交一份有证据证明的请求的，其权利应当被恢复。

（2）本条第（1）款的规定不适用于下列情形下发生的不遵守期限限制

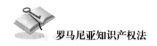

的行为：

（a）依照本法第 19 条第（5）款或者第 19 条第（6）款以及第 21 条第（1）款的规定，要求优先权的；

（b）依照本法第 15 条第（1）款的规定，提交说明书、权利要求书或者附图的译本的；

（c）依照本法第 40 条第（1）款的规定，缴纳申请费和文件检索报告费的；

（d）依照本法第 49 条的规定，提出撤销申请的；

（e）依照本法第 18 条第（2）款的规定，对专利申请进行分案的期限届满的；

（f）依照本法第 63 条第（2）款（b）项的规定，提出一项新的专利申请的期限届满的；

（g）缴纳专利维持费的。

（3）本条第（1）款的规定也不适用于本法第 27 条第（2）款（e）项和（f）项、第 27 条第（4）款（d）项和（e）项以及第 48 条规定的情形。

（4）权利恢复的请求应当以缴纳法律规定的申诉费用为条件，但本法第 27 条第（4）款（b）项规定的无须缴纳费用的情形除外。

第 5 章　权利转移

第 42 条

（1）专利权、专利授予权以及产生于专利的权利可以全部或者部分转移。

（2）转移可以通过转让、授予独占或者非独占许可使用、法定继承或者遗嘱继承来进行。

（3）自权利转移在国家发明与商标局登记并在工业产权官方公报上公布之日起，对第三人产生效力。

第 43 条

（1）自专利申请日起满 4 年或者自专利权授予之日起满 3 年，以在后届满的期间为准，应任何利害关系人的请求，布加勒斯特法院可以授予其强制许可。

（2）本条第（1）款规定只适用于在罗马尼亚境内没有实施或者没有充

分实施的发明，并且专利权人无法提供不作为的正当理由，且未签订有关应用该发明的条件和商业方法的协议。

（3）布加勒斯特法院根据给定情形认为，虽然利害关系人已尽最大努力，但仍然未能在合理期间内达成协议的，法院应当授予强制许可。

（4）除了本条第（2）款所规定的情形以外，在下列情况下，布加勒斯特法院也可以授予强制许可：

（a）在国家紧急情况下；

（b）在其他非常紧急的情况下；

（c）在为非商业目的的公共使用的情况下。

（5）基于本条第（4）款规定的原因之一而授予强制许可的，不要求满足本条第（2）款规定的条件。

但是，被许可人应当在最短的时间内通知申请人或者专利权人有关法院作出的授权。

（6）在为非商业目的进行公共使用的情况下，政府或者政府授权的第三方如果知道或者有显而易见的理由应当知道一项有效的专利正在或者将要被政府或者第三方使用的，应当在合理的时间内通知专利权人。

（7）一项专利的实施必然侵犯正规的国家申请日在先的其他专利权的，实施该在后专利的强制许可，只有在下列附加条件被全部满足的情况下才能被授予：

（a）在后专利的发明与在先专利的发明相比，包含一项具有显著经济意义的重大技术进步；

（b）在先专利的权利人有权基于合理条件获得一项使用在后专利的发明的交叉许可；

（c）被授予的对在先专利的使用是不可转移的，除非与在后专利一同转移。

第 44 条

（1）强制许可应当是非独占性的，并且由布加勒斯特法院根据下列特定条件授予：强制许可的范围、期限以及权利人有权获得的、与被授予许可的商业价值相一致的使用费。

（2）强制许可的受益人可以是政府或者政府授权的第三方。

（3）强制许可的授予应当主要用于供应市场。

（4）强制许可的范围和期限应当限于其被授予的目的。对于半导体技术领域的发明，只有为了公共的非商业目的，或者为了矫正经司法或者行政程序确定为限制竞争的行为，才能被授予强制许可。

（5）植物品种专利的权利人不可能在不侵犯一项在先专利的情况下实施其专利的，可以请求授予对该专利发明的强制许可。

（6）有关生物技术发明专利的权利人不可能在不侵犯一项在先植物品种专利的情况下实施其专利的，可以请求授予强制许可，以实施该植物品种专利。

（7）为矫正限制竞争行为而授予的强制许可，不适用本法第43条第（3）款、第43条第（4）款以及第44条第（3）款的规定。

第45条

强制许可不能脱离于从强制许可使用中获益的那部分企业或者货物而单独转移。

第46条

（1）根据利害关系人提出的合理请求，当导致强制许可授予的情形不复存在时，在被许可人的合法利益得到充分保护的前提下，布加勒斯特法院可以撤销该强制许可。

决定授予强制许可的情形可能再次出现的，不应撤销该强制许可。

（2）就布加勒斯特法院关于授予强制许可使用以及关于强制许可使用费的判决，只能向布加勒斯特上诉法院提出上诉。

第47条

法院关于强制许可的授予或者撤销的终局判决，应当由利害关系人通知国家发明与商标局，国家发明与商标局应当将上述判决记载在国家专利申请登记簿或者国家专利登记簿上，并且自通知之日起1个月内在工业产权官方公报上公布上述判决。

第6章　发明专利权的保护

第48条

（1）就审查委员会作出的任何决定，可以自决定通知之日起3个月内向国家发明与商标局提起申诉。

（2）按照本法实施条例规定的条件，申诉的对象可以是对专利权的限制。

第 49 条

（1）自公布专利权的授予之日起 6 个月内，任何利害关系人有权基于下列正当理由，以书面形式向国家发明与商标局申请撤销专利：

（a）根据本法第 6 条至第 9 条、第 11 条和第 12 条的规定，该专利权的客体不能被授予专利权；

（b）该专利权的客体没有以充分清楚和完整的方式披露，无法被熟悉该技术领域的人所实施；

（c）该专利权的客体超出专利申请提出时的范围。

（2）撤销理由只涉及专利一部分的，该部分专利应当被撤销。

第 50 条

（1）国家发明与商标局❶申诉部门的申诉委员会应当自申诉或者撤销申请（视情况而定）在国家发明与商标局登记之日起 3 个月内处理完毕。

（2）申诉委员会的性质以及解决申诉和撤销请求的程序由本法实施条例规定。

第 51 条

（1）国家发明与商标局授予的专利以及在罗马尼亚生效的欧洲专利，在下列情形下，可以根据请求被宣告无效：

（a）根据本法第 6 条至第 9 条、第 11 条和第 12 条的规定，该专利权的客体不能被授予专利权；

（b）该专利权的客体没有以充分清楚和完整的方式披露，无法被熟悉该技术领域的人所实施；

（c）该专利权的客体超出专利申请提出时的范围；

（d）该专利所授予的保护范围已被扩张；

（e）该专利权人不是有权获得该专利权授予的人。

---

❶　参见第 573/1998 号关于国家发明与商标局的组织和运行的政府决定及其后续的修订文本，该决定于 1998 年 9 月 11 日由第 345 号罗马尼亚官方公报第 1 部分公布。

（2）宣告无效的理由只涉及专利一部分的，该部分专利应当被宣告无效。

（3）专利的宣告无效具有追溯力，溯及至申请日。

第52条

（1）在本法第49条规定的请求撤销的期限届满后，在专利权的整个保护期内，除了本法第51条第（1）款（d）项和（e）项规定的情形以外，可以请求宣告专利无效，该请求应当由布加勒斯特法院裁决。

就布加勒斯特法院作出的判决，可以自判决通知之日起30日内向布加勒斯特上诉法院提起上诉。

（2）就布加勒斯特上诉法院作出的判决，可以自判决通知之日起30日内向高等上诉法院提出上诉。

（3）宣告专利无效的终局判决应当由利害关系人提请国家发明与商标局登记。

（4）宣告专利无效的判决应当自该判决在国家发明与商标局登记之日起60日内在工业产权官方公报上公布。

第53条

（1）因欺诈的意图而未满足有关专利申请的一项或者多项形式要求，只构成全部或者部分撤销专利或者宣告专利无效的理由。

（2）没有给予专利权人就撤销或者宣告无效发表意见，并在合理期间内作出本法及其实施条例所允许的修改或者更正的可能性的，专利权不能被全部或者部分撤销或者宣告无效。

第54条

（1）申诉委员会作出的决定应当自公告之日起30日内通知当事人，自通知之日起30日内可以向布加勒斯特法院提出上诉。

（2）布加勒斯特法院作出的判决，仅可向布加勒斯特上诉法院提出上诉。

（3）申诉委员会作出的授予专利权的决定的法律条款，以及司法机关作出的终局判决的法律条款，应当记载在国家登记簿上，并且自利害关系人提请国家发明与商标局登记之日起60日内在工业产权官方公报上公布。

（4）国家发明与商标局应当将依照法院终局判决而作的修改记载在国家登记簿上，并且自利害关系人提请国家发明与商标局登记之日起60日内将其在工业产权官方公报上公布。

第 55 条

（1）对发明人身份进行任何非法假定的，构成犯罪，应当处以 3 个月至 2 年的监禁或者罚金。

（2）当事人和解的，应当免除刑事责任。

第 56 条

（1）违反本法第 31 条第（2）款规定的，构成侵权，应当处以 3 个月至 2 年的监禁或者罚金。

（2）当事人和解的，应当免除刑事责任。

（3）专利权人或者被许可人有权根据民法的规定就其遭受的损害获得损害赔偿，并且可以请求管辖法院没收或者销毁侵权产品，具体视情况而定。

对于直接用于实施侵权行为的材料和装置，适用本规定。

（4）专利申请公布之后，第三人侵犯本法第 31 条第（1）款规定权利的，侵权人应当根据民法的规定承担损害赔偿责任，专利权授予之后，请求支付损害赔偿的权利应予以执行。

（5）虽有本法第 31 条第（1）款的规定，但第三人在专利申请公布日期之前，或者申请人发出传票的日期之前（该传票附有一份经核证的专利申请副本）实施本法第 31 条第（2）款所规定的行为的，不应当视为侵犯该专利所授予的权利。

第 57 条

在被传唤后仍然继续实施本法第 31 条第（2）款规定行为的，法院可以根据请求责令停止该行为，直到国家发明与商标局对专利申请作出决定。

上述措施以申请人向法院支付保证金为条件。

第 58 条

（1）侵犯本法第 31 条第（2）款（b）项所指的方法专利权人的权利的，被诉侵权人应当承担举证责任，证明用于获得相同产品的方法不同于专利方法。

（2）在本条第（1）款的规定中，未经专利权人同意而制造的任何相同

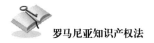

产品，在没有相反证据的情况下，有下列情形之一的，应当视为通过专利方法而获得的产品：

（a）通过专利方法获得的产品具有新颖性；

（b）相同产品经由该专利方法制造具有实质可能性，并且专利权人通过合理努力仍无法判断该方法被实际使用过。

（3）专利权人提交相反证据的，应当考虑与被诉侵权人的制造以及商业秘密有关的合法利益。

第 59 条

（1）在专利申请公布之前，国家发明与商标局的工作人员或者从事发明相关工作的人员，披露专利申请所含信息的，构成犯罪，应当处以 3 个月至 3 年的监禁或者罚金。

（2）国家发明与商标局应当对发明人承担因本条第（1）款规定的犯罪而造成的损害。

第 60 条

（1）有关发明人、专利权人身份或者专利产生的其他权利，包括发明人基于转让或者许可合同的经济权利的诉讼，属于法院的管辖范围。

（2）自终局判决生效之日起 30 日内，利害关系人应当将法院判决通知国家发明与商标局，提请记载在国家专利申请登记簿或者国家专利登记簿上，并公布在工业产权官方公报上。

没有在工业产权官方公报上公布的，该判决不能对抗第三人。

第 61 条

（1）专利权人或者罗马尼亚政府在 1945 年 3 月 6 日至 1989 年 12 月 22 日期间授予的专利所保护的工业产权的权利人，及其权利继受人，其专利权遭受未经权利人同意而滥用发明的行为或者其他侵权行为的侵害，或者经权利人同意而行使工业产权的人提供可靠证据证明其受专利权保护的工业产权面临正在发生或者即将发生的非法行为侵害，很有可能将导致不可挽回的损害，可以请求法院采取临时措施。

（2）法院可以责令，尤其是：

（a）禁止或者暂时停止侵权；

（b）采取合理措施保存证据。

应当适用第 100/2005 号政府关于工业产权强制执行的紧急条例及其后续的修订文本，该条例为第 280/2005 号法律的修正案所批准。

（3）有关知识产权临时措施的程序性规定参见民事诉讼程序法。

（4）第三人利用中间人的服务侵犯本法所保护的权利的，也可以对中间人采取临时措施。

第 62 条

（1）根据职权或者专利权人的请求，对于本法第 56 条第（1）款规定的货物的进出口，海关可以暂停通关业务，或者将这些货物置于中止通关的状态。

（2）根据第 344/2005 号法律关于保障在海关业务中执行知识产权的若干措施的规定，海关在边境执行专利权的权力，应当属于国家财政部。❶

第 63 条

（1）法院判决已经判定除专利文件中载明的人之外的人有权获得专利权授予的，国家发明与商标局应当将专利权授予给该权利人，并且公布所有权的变动。

（2）在国家发明与商标局授予专利权之前，法院的判决已经判定专利权属于除申请人之外的人的，自法院判决生效之日起的 3 个月期限内，在本法实施条例规定的条件下，享有专利权的人可以：

（a）代替申请人继续进行与已经提出的专利申请有关的程序，如同自己提出申请一样；

（b）就相同的发明提出新的专利申请。

根据本法第 18 条的规定，由于新申请并没有扩大原申请的内容，自新申请提出之日，国家发明与商标局应当宣布原申请被视为撤回；

（c）请求驳回申请。

第 64 条

（1）经法院要求，国家发明与商标局应当将审判受理案件所需的法案、

---

❶ 参见第 74/2013 号政府关于改进和重组国家财政部以及修订特定规范性法案若干措施的紧急条例及其后续的修订文本，该条例于 2013 年 6 月 29 日由第 389 号罗马尼亚官方公报第 1 部分公布。

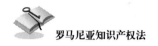

文件和信息交给法院，法院审理完毕后将其归还国家发明与商标局。

法院只能基于该目的进行传唤。

（2）向法院提起工业产权领域诉讼的，应当免除诉讼费用。

第 7 章　国家发明与商标局的职责

第 65 条

国家发明与商标局是政府下属的中央公共行政部门中的一个专门机构，❶根据法律以及罗马尼亚参与缔结的国际公约和条约的规定，国家发明与商标局是罗马尼亚境内工业产权保护领域的主管部门。

第 66 条

在发明领域，国家发明与商标局应当承担下列职责：

（a）协调罗马尼亚工业产权政策；

（b）为了授予专利权而对专利申请进行登记、公布和审查；

（c）保存国家专利申请登记簿和国家专利登记簿，记录专利申请和专利的所有详情；

（d）对于罗马尼亚申请人根据《专利合作条约》的规定提出的国际专利申请，国家发明与商标局作为受理局；

（e）通过国际交流，管理、维护和拓展发明说明书的国内数据集，并建立发明领域的计算机化数据库，以提供任何种类的信息支持；

（f）根据请求，提供中介和技术信息服务，该服务以罗马尼亚和外国发明的说明书以及官方的工业产权公告为基础，对于本法第 7 条第（1）款规定的不能授予专利权的方法的文件，提供非公开状态的保管服务；

（g）认证和批准工业产权律师，并记录在其保存的国家登记簿上，定期公布上述登记簿的信息；

（h）处理与同类政府组织、政府间组织以及罗马尼亚为成员国之一的专门国际组织的关系；

---

❶　参见第 25/2007 号政府关于重组政府机构若干措施的紧急条例第 13 条及其后续修订文本的规定，该条例由第 99/2008 号法律修正案批准通过，以及第 47/2013 号政府关于经济部的组织和运行的决定及其后续修订文本的规定，该决定于 2013 年 2 月 20 日由第 102 号罗马尼亚官方公报第 1 部分公布，国家发明与商标局由隶属国家总理转变为隶属经济部。

（i）为该领域内的专家组织培训和专业提升课程；

（j）在工业产权官方公报上编辑和定期公布专利申请和专利相关信息。

第8章　过渡性条款和最后条款

第 67 条

根据第 62/1974 号法律❶向国家发明与商标局提出的专利申请，还没有作出授予专利权或者驳回专利申请决定的，应当适用本法的规定。

第 68 条

（1）在本法生效以前授予专利权并在罗马尼亚境内有效的专利和改进专利，享有本法第 30 条规定的保护期。

（2）在改进专利的整个保护期内，该发明的实施应当符合本法第 43 条第（7）款的规定。

（3）发明人就已经实施的专利发明所享有的经济权利，在本法生效以前已经部分地实现或者未能实现的，发明人和实施该发明的主体应当协商解决。

协商应当从发明人根据专利申请日时适用的法律可能主张的最高补偿金额开始。

当事人之间没有达成协议的，应当根据本法第 60 条的规定确定经济权利。

（4）在本法生效之时，已经通过第 62/1974 号法律❷第 14 条规定的合法转让而成为发明专利权人的企业，没有实施该发明或者没有采取必要措施实施该发明的，专利权应当依据本法的规定转移给发明人。

第 69 条

有效专利属于无形资产，专利权人为法人的，该专利应当登记为专利权人的财产。

---

❶ 第 62/1974 号发明与创新法公布于 1974 年 11 月 2 日第 137 号罗马尼亚官方公报，由公布于 1991 年 10 月 21 日第 212 号罗马尼亚官方公报第 1 部分的第 64/1991 号专利法所废除。第 70 条在 2002 年 12 月 15 日第 752 号罗马尼亚官方公报第 1 部分重新公布的第 64/1991 号专利法将其修改为第 74 条，而后当第 28/2007 号法律的第 1 条第 70 项修改第 64/1991 号专利法时被废除。

❷ 第 62/1974 号发明与创新法公布于 1974 年 11 月 2 日第 137 号罗马尼亚官方公报，该法于 1991 年 10 月 21 日由第 212 号罗马尼亚官方公报第 1 部分公布的第 64/1991 号专利法予以废除。

商标和地理标志法

商标和地理标志法*

罗马尼亚商标和地理标志法（第 84/1998 号法律）❶，2020 年 9 月 18 日第 856 号罗马尼亚官方公报第 1 部分重新公布。

第 1 章　一般规定

第 1 条

（1）商标权和地理标志权在罗马尼亚境内受本法认可和保护。

（2）本法适用于经欧盟或者国际保护后，在罗马尼亚注册或者申请注册的与商品和服务有关的个人商标、集体商标或者证明商标，以及地理标志。

（3）根据罗马尼亚加入的相关商标和地理标志国际公约，居住地或者营业地在罗马尼亚境外的外国自然人或者法人，亦适用本法规定。

第 2 条

任何标志，包括个人姓名在内的文字、设计、字母、数字、颜色、图形要素、商品或者商品包装的形状、声音，均可构成商标，但这些标志必须能够用于：

（a）将一个企业的商品或者服务与其他企业的商品或者服务区别开来；及

（b）在商标注册簿中的表现形式能够使主管部门和社会公众清楚、准确地确定授予所有人的保护对象。

---

* 本译本根据世界知识产权组织官网公布的罗马尼亚商标与地理标志法英语版本翻译。——译者注

❶ 本法根据第 112/2020 号关于修改和完善第 84/1998 号商标和地理标志法的法案第 4 条规定公布，并重新编号。第 112/2020 号法案于 2020 年 7 月 9 日由第 603 号罗马尼亚官方公报第 1 部分发布，并于 2020 年 7 月 30 日由第 675 号罗马尼亚官方公报第 1 部分予以修订。第 84/1998 号关于商标和地理标志法于 2014 年 5 月 8 日由第 337 号罗马尼亚官方公报第 1 部分公布，并于 2014 年 5 月 26 日由第 388 号罗马尼亚官方公报第 1 部分公布的第 28/2014 号关于修订若干非财政税收和关税规范性法案的政府紧急法令予以修订，于 2014 年 12 月 12 日由第 905 号罗马尼亚官方公报第 1 部分公布的第 165/2014 号法律予以批准。

第 3 条

在本法中，下列术语和短语具有下列含义：

（a）商标注册：指根据本法或者罗马尼亚加入的各项国际公约和条约获得商标权的方式；

（b）在先商标：指已注册商标以及在先提交商标注册申请但在后获得注册的商标；

（c）欧盟商标：指根据 2017 年 6 月 16 日欧盟官方公报（L 154）公布的欧洲议会和欧盟理事会第 2017/1001 号商标条例进行注册的商标；

（d）驰名商标：指通过其所适用的商品或者服务而为相关公众所熟知的商标，无须在罗马尼亚注册或者使用即获得排他性；

（e）集体商标：指在提交申请之日指定的、用于将拥有商标权的组织成员的商品或者服务与他人的商品或者服务区分的标志；

（f）证明商标：指用于表明使用该商标的商品或者服务在原料、商品的制造方法或者服务的提供方式、质量、准确性或者其他特征经过所有人的认证，并能将这些商品或者服务与未经认证的商品或者服务区别开来的标志；

（g）地理标志：指用于标示某商品来源于某一国家、区域或者地区，该商品的特定质量、信誉或者其他特征主要由该地的地理来源所决定的标志；

（h）申请人：指以自己名义提交商标注册申请的人；

（i）所有人：指商标注册簿中登记的商标注册人，可以是任何自然人或者根据公法、私法设立的任何法人；在本法中，其他有能力以自己的名义成为任何权利和义务的持有人、签订合同或者实施其他法律行为以及成为法律诉讼当事人的实体也等同于法人；

（j）授权代表（以下简称"代表"）：在国家发明与商标局的程序中具有从事代理活动资格的工业产权律师；

（k）OSIM：指国家发明与商标局；

（l）商标注册簿：指由国家发明与商标局保存的数据库，其数据包括在罗马尼亚注册的商标，以及与该注册有关的所有记录数据，无论该数据以何种载体存储；

（m）地理标志注册簿：指由国家发明与商标局保存的数据库，其数据包括在罗马尼亚注册的地理标志，以及与该注册有关的所有记录数据，无论该数据以何种载体存储；

（n）《巴黎公约》：指经修订和变更的 1883 年 3 月 20 日在巴黎缔结的《保护工业产权巴黎公约》，罗马尼亚于 1969 年 1 月 6 日官方公报第 1 号发布第 1177/1968 号法令批准加入；

（o）巴黎联盟国家：指适用《巴黎公约》并组成保护工业产权联盟的国家；

（p）《马德里协定》：指经 1967 年 7 月 14 日在斯德哥尔摩修订的 1891 年 4 月 14 日《商标国际注册马德里协定》，罗马尼亚于 1969 年 1 月 6 日官方公报第 1 号发布第 1.176/1968 号法令批准加入；

（q）《马德里议定书》：指 1989 年 6 月 27 日《与〈商标国际注册马德里协定〉有关的议定书》，罗马尼亚于 1998 年 1 月 15 日官方公报第 11 号第 1 部分发布第 5/1998 号法令批准加入；

（r）尼斯分类法：指 1957 年 6 月 15 日《商标注册用商品和服务国际分类尼斯协定》确定的分类法，该协定于 1967 年 7 月 14 日在斯德哥尔摩和 1977 年 5 月 13 日在日内瓦进行了修订，并于 1979 年 10 月 2 日进行了修正，罗马尼亚通过关于罗马尼亚加入工业产权领域国际分类安排的第 3/1998 号法律加入了该分类法；

（s）《欧盟商标条例》：指 2017 年 6 月 14 日欧洲议会和欧盟理事会第 2017/1001 号商标条例，以下简称《欧盟商标条例》；

（ş）企业：指任何从事经济活动的实体，无论其具有何种法律性质或者资金来源。

第 2 章　商标保护

第 4 条

（1）商标权的取得和保护必须通过国家发明与商标局注册。

（2）欧盟商标在罗马尼亚境内根据《欧盟商标条例》的规定受到保护。

第 5 条

（1）存在下列绝对事由的，商标注册应予以驳回，已注册商标应被宣告无效：

（a）标志不构成第 2 条所指的商标；

（b）商标不具有任何显著特征；

（c）商标仅由通用名称或者行业惯例标志组成；

（d）商标仅由直接表示商品或者服务的种类、质量、数量、预期目的、价值、地理来源、商品生产日期或者服务提供日期，以及其他特征的标志构成；

（e）商标仅由商品自身性质产生的形状、为获得技术效果而必要的商品形状或者使商品具有实质性价值的形状构成；

（f）商标可能在商品或者服务的地理来源、质量或者性质方面误导公众；

（g）商标根据欧盟立法、国内立法，或者欧盟以及罗马尼亚加入的国际条约中有关保护原产地名称和地理标志的规定不得注册；

（h）商标根据欧盟立法或者欧盟加入的国际条约中关于保护葡萄酒传统术语的规定不得注册；

（i）商标根据欧盟法律或者欧盟加入的国际条约中关于保护传统特产的规定不得注册；

（j）商标包含或者复制植物品种早期名称基本要素，该植物品种早期名称是根据欧盟或者国内法律，或者欧盟以及罗马尼亚加入的国际条约注册的，由此赋予植物品种财产权保护，范围包括同一植物品种或者密切相关的植物品种；

（k）商标未经权利人许可含有罗马尼亚名人肖像或者姓氏；

（l）商标含有高度象征意义的标志，尤其是宗教标志；

（m）商标违反公共秩序或者道德；

（n）商标未经主管机关许可含有复制或者仿制的属于巴黎联盟国家并且受《巴黎公约》第 6 条之三调整的纹章、旗帜、国徽、印章、表明实施控制和予以保证的官方标志、盾徽；

（o）商标未经主管机关许可，含有复制或者仿制受《巴黎公约》第 6 条之三调整并且属于巴黎联盟国家的政府间国际组织的纹章、旗帜、徽章、缩写、首字母或者名称；

（p）商标未经主管机关许可含有除受《巴黎公约》第 6 条之三调整以外的涉及公共利益的纹章、徽章、盾徽或者纹盾。

（2）本条第（1）款（b）项、（c）项或者（d）项规定不适用于在商标注册申请日以前已因使用而具有显著特征的标志。

（3）第（2）款也适用于在注册申请日之后，但在商标核准注册日之前获得显著性的情况。

第 6 条

（1）存在下列相对事由的，商标注册应视情况予以驳回或者撤销：

（a）申请注册的商标与在先商标相同，并且申请注册的商标所适用的商品或者服务与在先受保护商标适用的商品或者服务相同；

（b）由于申请注册的商标与在先商标相同或者近似，且两者所适用的商品或者服务相同或者类似，存在公众混淆误认为该商标与在先商标相关联的可能性。

（2）在第（1）款中，"在先商标"是指下列类别的商标：

（a）欧盟商标、在罗马尼亚注册的商标或者根据国际协定注册并在罗马尼亚有效的商标，其申请日期早于商标注册的申请日或者优先权日（视情况而定）；

（b）根据《欧盟商标条例》的规定可以有效主张优先权的欧盟商标，即使该商标已过期或者已被放弃；

（c）对于（a）项和（b）项中所指的商标注册申请，条件是对其进行在后注册；

（d）注册申请日或者优先权日（视情况而定）依据《巴黎公约》第6条之二属于罗马尼亚驰名的商标。

（3）在下列情况下，商标注册申请应当被驳回，或者即使注册也应被撤销：

（a）申请注册的商标与本条第（2）款所指的在罗马尼亚或者欧盟注册的在先商标相同或者近似，以及当在先商标在罗马尼亚或者欧盟享有盛誉，并且在后商标的使用将会不公平地利用或者损害在先商标的知名度或良好口碑的情况下，即使旨在注册或者已经使用的商品或者服务与在先商标所注册的商品或者服务不类似，该商标注册仍应予以驳回或者撤销；

（b）在提交商标注册申请之日或者为支持该申请而主张的优先权日之前，存在根据国内法或者欧盟法律提交的原产地名称或者地理标志的注册申请，且后续获得注册，从而赋予该原产地名称或者地理标志注册人禁止他人在罗马尼亚使用在后商标的权利；

（c）先于在后商标注册申请之日或者先于在后商标注册申请所主张的优先权日之前已经获得权利的标志，且该标志赋予其所有人禁止使用在后商标的权利；

（d）商标所有人的代表人在未经商标所有人许可的情况下以代表人自身名义申请商标注册的，商标注册应予以驳回，但该代表人能够证明其有权申请注册的除外；

（e）除第（2）款（c）项所述权利外，还存在其他在先权利，特别是名称权、发表权、版权和工业产权；

（f）该商标与国外在先受保护的商标之间存在混淆可能性，且申请人存在恶意申请。

（4）如果第（2）款或者第（3）款所述在先商标或者在先权利的所有人同意在后商标进行注册的，不得驳回或者撤销商标注册（视情况而定）。

第7条

（1）请求商标注册的商品或者服务的性质不应妨碍商标注册。

（2）如果驳回注册的理由仅针对申请商标注册的部分商品或者服务，则驳回注册应仅包括该部分商品或者服务。

第3章 商标注册申请

第8条

商标权属于根据法律规定的条件最先提出商标注册申请的申请人。

第9条

（1）商标注册的常规申请是向国家发明与商标局提交以罗马尼亚语书写且符合第（2）款规定的商标注册申请书。

（2）商标注册申请书应包括下列内容：

（a）商标注册的明示请求；

（b）申请人和申请人的代表人（如适用）的信息；

（c）足以清晰表示申请商标注册的图样；

（d）申请商标注册所涉及的商品或者服务名录；

（e）商标注册申请费和公告费的缴费证明。

（3）申请应明确载明商标的下列特征：

（a）含有构成商标显著特征的一种或者多种颜色；

（b）属于三维商标或者除文字、图形以外的其他类型的商标；

（c）如果该商标的全部或者部分由拉丁文以外的字符，或者阿拉伯数字、罗马数字以外的数字，或者罗马尼亚语以外的一种或者多种文字组成，应提供商标或者其构成要素的音译或者意译。

（4）申请应仅针对单一商标，并应依据本法实施条例❶规定的条件提出。

（5）根据《马德里协定》或者《马德里议定书》提出的注册申请应符合上述条约规定的条件。

（6）商标注册申请可根据本法实施条例规定的条件，通过邮寄或者电子方式向国家发明与商标局注册处提交。

第 10 条

（1）申请人应当清楚准确地说明申请商标保护的商品和服务，以便主管部门和经营者能够确定申请保护的范围。

（2）申请商标注册的商品和服务应当按照尼斯分类法确定的分类系统进行分类。商品和服务应当按类别分组，每组商品或者服务前应按类别顺序排列其所属类别的编号。

（3）尼斯分类法的类目中所包含的一般术语或者一般指示，应解释为包括有关指示或者术语字面含义所涵盖的所有商品或者服务。

（4）不能因为商品和服务被列入同一类别而认为它们相似，也不能因为它们被列入尼斯分类的不同类别而认为它们不同。

第 11 条

（1）以尼斯分类法某类的全称来申请商标注册者可以声明，其意图是申请保护该类全称字面含义以外的商品或者服务，但该商品或者服务必须包括在提交注册申请之日有效的尼斯分类法的该类字母表中。

（2）第（1）款所指的声明应当在 2020 年 9 月 30 日之前向国家发明与商标局提交，并应清楚准确地说明经营者原意所指的商品和服务，而非类别名称字面含义所涵盖的商品和服务。国家发明与商标局应当相应地修改商标注册簿。

（3）第（1）款所述声明的措辞不得违反第 26 条第（4）款、第 55 条第（1）款（a）项和第 59 条第（1）款的规定。

（4）对于未在第（2）款规定的期限内提出声明的商标，自该期限届满时起，这些商品或者服务应当被视为仅指类别名称中所含标识的字面含义所

---

❶ 参见第 1.134/2010 号关于批准第 84/1998 号商标和地理标志法实施条例的政府决定及其后续的修订文本，并于 2010 年 12 月 3 日由第 809 号罗马尼亚官方公报第 1 部分公布。

涵盖的商品或者服务。

（5）对于按照第（2）款修改商标注册簿，所赋予的商标专用权不能禁止第三人继续在下列情况下在相关商品或者服务上使用该商标：

（a）在商标注册簿修改前已经开始使用；

（b）根据当时的商标注册簿，注册商品或者服务的字面含义并未侵犯商标所有人的权利。

（6）根据第（2）款的规定修改商品或者服务的名录，在下列情况下并不赋予商标所有人对在后申请的商标注册提出异议或者申请撤销在后申请的商标注册的权利：

（a）在商标注册簿修改前，在后商标在商品或者服务上已经被使用或者已经被提交注册申请；

（b）根据当时的商标注册簿的字面含义，在商品或者服务上使用商标并未侵犯商标所有人的权利。

第 12 条

（1）专利申请日是指向国家发明与商标局提交符合第 9 条第（1）款所要求的所有要素的商标注册申请的日期。

（2）当商标注册申请是向其他巴黎联盟成员国或者世界贸易组织成员首次正式提交时，申请人可以通过在罗马尼亚提交同一商标注册申请来要求首次提交的日期，但后一申请必须在首次提交之日起 6 个月内向国家发明与商标局提交。

第 13 条

（1）申请人的商标在罗马尼亚境内或者在《巴黎公约》成员国官方主办或者官方认可的国际展览会展出的商品或者服务上使用，自展出之日起 6 个月内向国家发明与商标局提出所展览商品或者服务上使用商标的注册申请，则申请人应自展览之日起享有优先权。根据 1928 年 11 月 22 日在巴黎签署的《国际展览公约》的规定，罗马尼亚第 246/1930 号法律批准加入该公约并于 1972 年 11 月 30 日进行了修订，"国际展览会"指在罗马尼亚或者《巴黎公约》其他成员国境内组织的展览会。

（2）第（1）款所指的 6 个月期限不得延长第 12 条第（2）款所指的优先权期限。

第 14 条

（1）第 12 条和第 13 条所指的优先权应在提交商标注册申请时主张；提供优先权文件予以证明，并缴纳法定费用。

（2）应在商标注册申请之日起最长 30 日内提交优先权文件并缴纳法定费用。

（3）不遵守上述第（2）款规定期限的，申请人无权注册欧盟商标，所提出的优先权主张不予承认。

第 15 条

（1）商标注册可由任何人直接或者通过代表人在法律和实施条例❶规定的条件下单独或者共同申请。

（2）除提交商标注册申请程序外，在欧盟或者欧洲经济区范围内没有住所、营业所或者任何真实有效、能发挥作用的工业或者商业场所的申请人，必须由代表人代理。

第 16 条

（1）商标注册申请人应在提交申请的同时或者最迟自申请日起 30 日内向国家发明与商标局提交缴纳法律规定数额的申请费和审查费的证明。

（2）如果未在规定期限内缴纳费用，申请人将被视为放弃商标注册，注册申请将被驳回。

第 17 条

（1）涉及一种以上商品或者服务的商标注册申请人可请求国家发明与商标局将初始申请拆分为两项或者多项申请，在支付规定费用的前提下可对商品和服务进行分案申请。

（2）分案申请的申请日为提交首次申请的申请日，并享有根据第 12 条第（2）款或者第 13 条第（1）款获得的任何优先权（如适用）。

（3）如果商标申请已经根据第 19 条第（1）款或者第 25 条第（4）款进行了公告，分案和分案申请应当在工业产权公报上公布。公告不得开启新的

---

❶ 参见罗马尼亚商标和地理标志法第 9 条第（4）款脚注。

异议期。

（4）在商标注册程序期间或者终止后的任何时候，都可以向国家发明与商标局提出分案申请。

（5）下列情况下，分案申请不予受理：

（a）在商标申请日之前提出的；

（b）在第 26 条第（1）款规定的异议期内提出的；

（c）如果异议具有阻止分案申请所针对的商品或者服务的效力，在处理异议或者撤回异议的决定生效日期之前提出的；

（d）如果注销或者撤销具有决定分案申请所针对的商品或者服务的效力，在处理注销或者撤销申请的决定生效日期之前提出的；

（e）商标注册簿中登记为执行征收被取消之前提出的。

（6）商标申请人或者商标权人应提交国家发明与商标局要求提交的分案申请所需文件，并应自提出分案申请之日起 30 日内支付规定的费用。否则，国家发明与商标局应视为申请人已放弃对原申请的分案。

第 4 章　商标注册程序

第 18 条

（1）自收到商标注册申请之日起 7 日内，国家发明与商标局应审查其是否符合第 9 条第（1）款规定的条件；符合条件的，签发申请日期。

（2）申请不符合本法第 9 条第（1）款规定的条件的，国家发明与商标局应将申请中的不符合情形通知申请人，由其在 30 日内修改。申请人在规定的期限内对国家发明与商标局通知的不符合情形进行修改的，申请日期为根据第 9 条第（1）款修改注册申请的日期。否则，申请应予以驳回。

第 19 条

（1）符合第 9 条第（3）款、第 10 条第（1）款和第（2）款规定要求的商标注册申请，应根据本法实施条例规定的条件，自申请日起 7 日内以电子方式进行公告。

（2）明显违反公共政策或者道德的商标注册申请不予公布。

（3）如果申请不符合第 9 条第（3）款以及第 10 条第（1）款和第（2）款规定的条件，申请将被驳回。国家发明与商标局应将申请中的缺失通知申请人，并给予 30 日的期限补正所缺内容。如果申请人在国家发明与商标局规定的期限内补正了申请中的缺失，商标申请应按本条第（1）款规定的条件予以公告。否则，申请将被驳回。

第 20 条

（1）根据第 19 条公告商标注册申请之日起 2 个月内，任何自然人或者法人以及代表制造商、生产商、服务提供商、贸易商或者消费者的团体或者机构，均可根据第 5 条第（1）款规定的绝对驳回事由提出商标注册异议。

（2）第（1）款中提及的个人、团体或者机构不得获得商标注册程序当事人的地位。

（3）第（1）款中提及的异议应当告知商标注册申请人，以便其可以对异议进行回应。

第 21 条

（1）在公告后 6 个月内，已支付规定申请费和审查费的，国家发明与商标局应对商标注册申请进行实质审查，并决定全部或者部分受理商标注册，或者驳回注册。

（2）国家发明与商标局应审查下列事项：

（a）根据第 3 条（h）项或者（i）项（视情况而定）审查申请人的资格；

（b）申请中提出优先权的，审查第 14 条第（1）款和第（2）款规定的条件；

（c）第 5 条第（1）款规定的驳回理由和提交的意见（如适用）。

（3）未遵守第（1）款所规定时限的，国家发明与商标局应退还所收取的费用。

第 22 条

（1）商标非必要组成部分缺乏显著特征，且该组成部分可能对商标保护范围引起争议的，国家发明与商标局应要求申请人自通知之日起 30 日内声明其放弃对该部分享有任何专有权。该声明应与注册商标一起公布。

（2）未作出第（1）款规定声明的，商标注册申请应视情况被部分授权或者予以驳回。

第 23 条

（1）针对驰名商标审查其是否具有驳回理由的，应基于下列标准：

（a）驰名商标在罗马尼亚具有固有显著性或者获得显著性的程度；

（b）在罗马尼亚商标注册申请中所指的商品和服务上，驰名商标的使用时间和使用范围；

（c）驰名商标在罗马尼亚广为知晓的持续时间和范围；

（d）驰名商标在罗马尼亚进行使用的地域范围；

（e）相关公众对驰名商标在罗马尼亚市场上的认可程度；

（f）在相同或者类似的商品或者服务上是否存在相同或者近似的商标，且属于主张其商标驰名的人以外的其他人。

（2）在审查驳回理由时，国家发明与商标局可根据上述第（1）款规定的标准，要求公共机关、公共机构和法律实体提供证明商标在罗马尼亚众所周知的文件。

第 24 条

第 6 条规定的驳回理由仅适用于已申请商标注册的某些商品和服务的，应仅针对该商品和服务的注册予以驳回。

第 25 条

（1）根据第 21 条的规定对申请进行审查后符合法定条件的，国家发明与商标局应决定准予商标注册。

（2）申请不符合商标注册条件的，国家发明与商标局应通知申请人，要求其在 30 日内提交意见或者撤回申请。应申请人要求并缴纳法定费用，该期限可再延长 30 日。

（3）上述第（2）款所述期限届满的，国家发明与商标局应酌情决定准予商标注册、驳回申请或者指出该申请已被撤回。

（4）根据第（1）款和第（2）款被准予注册的商标申请，应当以电子方式在工业产权官方公告中发布。

（5）根据第（3）款被驳回的商标注册申请，驳回决定一旦成为最终决定，应予以公布。

第 26 条

（1）根据第 25 条第（4）款公告商标注册申请之日起 2 个月内，任何利害关系人均可根据第 6 条规定的相对驳回事由提出商标注册异议。

（2）异议应以书面形式提出，应包括法律依据并说明理由，并缴纳法定费用。

（3）异议可基于一项或者多项在先权利，但所援引的所有权利必须属于同一所有人。

（4）应申请人的要求，提出异议的在先商标所有人应向国家发明与商标局提交下列证据：

（a）在被异议商标的申请日或者优先权日前 5 年内，在先商标已在罗马尼亚境内针对与商标注册有关的商品和服务真实使用；

（b）未使用在先商标存在正当理由。❶

（5）第（4）款的规定适用于在先商标的注册日期比被异议的商标申请日或者优先权日至少早 5 年的情形。

（6）异议人最迟应在收到国家发明与商标局通知后 2 个月内提交第（4）款所述的使用证据。如无使用证据，异议应被驳回。

（7）如果在先商标是欧盟商标，在先商标的真实使用应根据欧盟商标条例第 18 条的规定来确定。

（8）如在先商标仅就其已注册的部分商品或者服务使用，则就异议审查而言，该商标应被视为仅就该部分商品或者服务注册。

（9）如果不符合第（2）款规定的条件，视为未提出异议。

第 27 条

（1）国家发明与商标局应将异议通知商标申请人，并给予 2 个月的和解期。在申请人和异议人双方共同要求和明确表示的情况下，该期限可以延长，但不得超过 3 个月。

（2）如果在第（1）款规定的期限内，双方未能达成和解，国家发明与商标局应通知异议人，在 30 日内提交异议的证据和理由。

---

❶ 第 4 章第 26 条第（4）款（b）项根据 2022 年 12 月 8 日第 169 号紧急法令第 1 条第 1 点予以修订，并于 2022 年 12 月 13 日由第 1196 号罗马尼亚官方公报公布。

（3）国家发明与商标局应将根据第（2）款提交的异议文件告知商标申请人，并给予其30日的时间就异议理由发表意见。

（4）在商标申请人未就异议提出意见的情况下，应根据存档文件对异议作出决定。

（5）根据第26条第（4）款的规定提交的使用证据应送交申请人，申请人可在30日内发表意见。

（6）异议应根据各方在国家发明与商标局规定的时限内提交的论据和文件解决。

（7）在异议程序中提交的文件应按来函所需份数提交，并向国家发明与商标局提交一份副本。

第28条

（1）针对商标注册申请的异议，由国家发明与商标局商标和地理标志委员会根据本法的实施条例予以处理。

（2）在第27条第（2）款或者第（3）款规定的期限届满后2个月内，委员会应就异议作出决定，并在作出决定后30日内通知各方，异议各方可根据第97条第（1）款规定的程序对该决定提出复审。

第29条

（1）在下列情况下，异议程序可以中止：

（a）异议基于商标注册申请的，在对该商标注册作出最终决定之前；

（b）异议商标涉及撤销或者无效之诉的，在案件结案前。

（2）中止异议的决定应通知当事人，当事人可在接到通知后30日内按照第97条第（1）款规定的程序提出反对意见。

（3）中止期间，中止原因不复存在的，申请人或者异议人可随时要求恢复异议处理。

第30条

（1）申请人可随时撤回注册申请或者限定商品或者服务名录。商标已经公告的，撤回或者限定名录应在工业产权官方公告中发布。

（2）商标注册申请可根据申请人要求予以修改，但仅限于更正申请人姓名或者地址，或者作出其他不会实质性影响商标或者不会扩大商品或者服务名录的修正。如果这些修改涉及商标的表述或者商品、服务名录，并且是在根据第 19 条和第 25 条第（4）款的规定对商标申请进行公告之后作出的，则修改后的申请应当予以公告。

（3）如根据第（1）款和第（2）款的规定公告了经修改的申请，则第 26 条第（1）款也应当适用。

（4）申请人在注册之前要求对商标或者商品、服务名录作出有实质影响的变更的，均应视为新商标注册申请。

第 31 条

注册过程中，国家发明与商标局对商标注册申请要素内容的准确性存在疑问的，可要求申请人提供必要的解释和文件。

第 32 条

（1）国家发明与商标局应在完成商标注册程序之日起 30 日内，将核准注册的商标记入商标注册簿，并在支付法定费用后颁发商标注册证。商标注册程序完成的日期应记入注册簿。

（2）商标注册程序应在下列日期视为完成：商标申请不再是异议的对象之日，或者在已提出异议的情况下，驳回异议决定成为最终决定之日或者异议被撤回之日。本款的规定也适用于商标国际申请。

（3）如未在第（1）款所规定的期限内缴纳法定费用，应视为申请人放弃商标注册。放弃应在商标注册簿中登记，并在工业产权官方公报中公布。

（4）根据第（1）款的规定在商标注册簿上登记的商标应在工业产权官方公报上公布。

（5）商标注册簿应公开。

第 5 章 商标注册的期限、续展和变更

第 33 条

（1）商标注册自核准之日起生效，有效期为 10 年。

（2）商标注册可于每 10 年期限届满之时经所有人请求并缴纳法定费用后予以续展。

（3）商标续展注册申请可由商标所有人或者任何其他经法律或者合同授

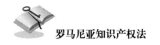

权的人在保护期限届满前 6 个月内，根据本法实施条例规定的条件提出。❶

（4）商标续展注册自当前保护期限届满之日起生效。

（5）商标续展费用应在续展申请提出之日缴纳；亦可在当前保护期限届满之日起 6 个月内缴纳，但需要支付法律规定的额外费用。

（6）未根据第（5）款缴纳费用的，商标所有人将丧失商标权利。

（7）国家发明与商标局应在保护期届满前至少 6 个月通知商标所有人，未通知商标所有人的，国家发明与商标局不承担责任。

第 34 条

（1）商标注册续展申请应包括下列内容：

（a）商标续展注册的明确要求；

（b）所有人的身份信息，代表人（如适用）的姓名和住所或者营业所；

（c）商标在商标注册簿中的注册号；

（d）商标注册申请的核准日期。

（2）商标所有人仅要求对在商标注册簿中记载的商品和服务的一部分进行续展的，应指明要对商标注册进行续展的商品或者服务的名称。

第 35 条

（1）国家发明与商标局确定不符合本法规定的商标注册续展条件的，应通知所有人，所有人应自收到通知之日起 30 日内作出答复。逾期未答复的，商标续展申请应予以驳回。

（2）续展申请人对驳回决定不服的，可根据第 97 条规定的期限和程序申请复审。

第 36 条

（1）商标注册续展，应自向国家发明与商标局提出续展申请之日起 3 个月内在商标注册簿中予以登记并在工业产权官方公告中发布。

（2）国家发明与商标局应向商标所有人颁发商标续展证。

---

❶ 第 5 章第 33 条第（3）款根据 2022 年 12 月 8 日第 169 号紧急法令第 1 条第 2 点予以修订，并于 2022 年 12 月 13 日由第 1196 号罗马尼亚官方公报公布。

第 37 条

（1）在商标保护期内，商标所有人可在缴纳规定费用后，向国家发明与商标局提出对商标某些要素进行非实质性修改，但前提是该修改不会影响商标的显著特征；不得扩展商品和服务名录。

（2）国家发明与商标局应将根据第（1）款进行的修改登记到商标注册簿中，并将修改后的商标予以公布。

第 38 条

在商标保护期内，所有人可在缴纳规定费用后，请求国家发明与商标局将对所有人姓名、名称、地址或者办事处的变更登记在商标注册簿中。商标注册簿中的修改记录应在工业产权官方公告中发布。

第 6 章　商标权

第 39 条

（1）注册商标所有人享有该商标的专有权。

（2）在不损害所有人在注册商标申请提交日或者优先权日之前获得的权利的情况下，商标所有人可通过侵权诉讼向主管法院申请禁令，禁止第三方未经其同意在交易过程中使用下列标志：

（a）针对与注册商标的商品或者服务相同的商品或者服务使用与其商标相同的任何标志；

（b）由于其与商标相同或者近似，且由于其与商标所附商品或者服务相同或者类似，而可能使公众产生混淆的任何标志，包括可能在标志和商标之间产生关联；

（c）与商标相同或者近似的任何标志，涉及与注册商标的商品或者服务相同、类似或者不类似的商品或者服务，而该商标在罗马尼亚享有盛誉，且无正当理由使用该标志不公平地利用了该商标的知名度或良好口碑；

（d）与商标相同或者近似的任何标志，但其使用目的不在于区分商品或者服务，且无正当理由使用该标志不公平地利用了该商标的知名度或良好口碑。

（3）在适用第（2）款时，商标所有人可特别要求禁止第三人实施下列行为：

（a）在商品或者其包装上贴附标志；

（b）将使用该标志的商品进行提供、销售或者为此目的而储存，或者提供使用该标志的服务；

（c）将使用该标志的商品进行进口或者出口；

（d）在商业文件和广告中使用标志；

（e）将该标志用作商号或者商号的一部分；

（f）在比较广告中以违反第158/2008号关于误导和比较广告法律的方式使用该标志。

（4）将商标用于附有商标的包装、标签、防伪或者真伪标志、装置或者其他任何媒介的商品或者服务上，其使用方式构成侵犯商标所有人根据第（2）款和第（3）款享有的权利，该商标所有人有权禁止在经营过程中的下列行为：

（a）在包装、标签、防伪或者真伪标志、装置上，或者在可以贴附该商标的任何其他材料上，贴附与该商标相同或者近似的标志；

（b）为上述目的提供、在市场上投放或者持有，以及进口或者出口包装、标签、防伪或者真伪标志、装置，或者可在其上贴附商标的任何其他材料。

（5）在不影响商标所有人在注册商标申请日或者优先权日之前所享有的权利的前提下，如果这些商品（包括其包装）来自第三国，且未经授权，其商标与在罗马尼亚的商品上注册的商标相同或者近似，注册商标所有人还有权阻止第三方在交易过程中将商品引入罗马尼亚境内，使其不在罗马尼亚境内自由流通。

（6）在根据欧洲议会和欧盟理事会2013年6月12日第608/2013号关于知识产权海关执法并废除欧盟理事会第1383/2003号条例提起的注册商标侵权诉讼中，如果申报人或者货物持有人提供证据，证明注册商标所有人无权禁止货物在最终目的地国投放市场，则第（5）款中规定的商标所有人的权利将终止。

第 40 条

（1）在根据第39条提起的侵权诉讼中，在先商标的所有人应被告的要求，应提供证据证明在提起诉讼之日前的5年期间内，该商标已被真实使用在与该商标核准注册的商品或者服务有关的商品或者服务上，或者证明有正当理由不使用该商标，但在先商标至少应在提起诉讼之日前5年已经核准注册。否则，诉讼将被驳回。

（2）如果在先商标仅在已经核准注册的部分商品或者服务上使用，则视为只在该部分商品或者服务上获得注册。

（3）在根据第 39 条提起的侵权诉讼中，如果在后注册的商标不能根据第 56 条第（3）款、第 58 条以及第 59 条被撤销，则商标所有人无权禁止在后注册商标的使用。

（4）在根据第 39 条提起的侵权诉讼中，如果后注册的欧盟商标不能根据欧盟商标条例第 60 条第（1）款、第（3）款、第（4）款，第 61 条第（1）款、第（2）款，以及第 64 条第（2）款被撤销，则商标所有人无权禁止在后注册商标的使用。

（5）根据第（3）款、第（4）款的规定，在先商标所有人无权禁止在后商标的使用，在后商标所有人也无权禁止在先商标的使用。

第 41 条

如果纸质、电子形式的字典、百科全书或者类似参考书中复制的商标，让人误以为该商标构成所注册的商品或者服务的通用名称，出版商应根据商标所有人的要求，确保在复制该商标时注明该商标为注册商标，纸质作品形式的，最迟应在该作品的下一版中注明。

第 42 条

（1）未经商标所有人同意，代理人或者代表以自己名义注册，商标所有人有权采取下列措施：

（a）禁止代理人或者代表使用其商标；

（b）要求进行有利于所有人的商标转让。

（2）第（1）款的规定不适用于代表或者代理人有正当理由。

（3）在第（1）款（b）项所述情况下提出的转让申请，并非依据第 6 条第（3）款（d）项的规定提出撤销申请。

第 43 条

（1）商标所有人只有在根据第 32 条第（4）款公告商标注册后，方可要求禁止第三方实施第 39 条规定的行为。

（2）商标注册申请按第 19 条规定公告后，商标所有人可根据普通法对第

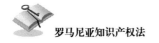

（1）款所述行为主张损害赔偿。

第44条

（1）商标所有人本人或者他人经其同意将使用注册商标的商品投放欧盟或者欧洲经济区市场的，商标权穷尽，商标所有人无权禁止他人使用该商标。

（2）商标所有人有正当理由反对商品进一步商业化，特别是当商品投放市场后状态发生改变或者受损的，第（1）款规定不适用。

第45条

（1）商标所有人不得禁止第三方在交易过程中使用：

（a）第三方为自然人时，第三方的姓名或者地址；

（b）非显著性的，或者关于商品或者服务的种类、质量、数量、预期用途、价值、地理来源、使用该商标的商品生产时间或者服务提供时间或者其他特征的标志或者说明；

（c）为了识别或者指向商标所有人的商品或者服务所必需，特别是为了表明商品或者服务的预期用途，尤其是作为附件或者备件，而有必要使用商标。

（2）第（1）款规定的适用条件是，第三方使用该款（a）项至（c）项中的要素符合工业或者商业事务中的诚实惯例。

第7章 商标权的转让

第46条

（1）商标权可通过转让、许可、合并、继承、继承执行、法院判决执行或者法律规定的任何其他所有权转让方式进行转让。

（2）依法对作为债务人的商标所有人征收执行款亦应被视为权利转让。

（3）争议商标的权利转让登记，在相关法院最终判决前应予以中止。

第47条

（1）商标权可以进行转让，但不涉及商标所包含的商誉的转让。转让应通过书面形式，并由双方在合同签署后生效，否则无效，除非转让是执行法院判决或者履行合同义务。

（2）商标权的转让可针对商标注册的全部或者部分商品及服务；即使是部分转让，也不得在地域上限制商标在相关商品或者服务上的使用。

（3）如果商标所有人的资产被全部转让，除非有相反的协议或者从当时的情况来看是显而易见的，否则这种转让也应具有转让商标权的效力。转让商标所有人财产的某些部分并不影响商标所有人对该商标的权利。

（4）属于同一所有人并用于相同或者类似商品、服务的相同或者近似商标只能整体转让给同一人，否则转让行为无效。

第 48 条

（1）转让注册申请应包含商标、新所有人、与转让有关的商品或者服务的标识信息，并应附商标所有人变更的证明文件。此外，申请中还应酌情包含新所有人授权代表的身份信息。

（2）如果转让明显会使公众对已注册商标的商品或者服务的性质、质量或者地理来源产生误解，国家发明与商标局可拒绝将转让登记于商标注册簿，除非受让人同意将该商标的转让仅限于该商标不会产生误解的商品或者服务。

（3）一方当事人根据第（1）款规定条件提交申请，并在支付法定费用后，国家发明与商标局应将转让登记于商标注册簿，并在工业产权官方公告中予以公布。自公告之日起，转让可对抗第三人。

（4）如果转让登记的条件未得到满足，国家发明与商标局应在根据第（1）款提出申请后 30 日内将缺失通知申请人。如在收到该局信息后 2 个月内仍未纠正缺失，则转让登记申请将被驳回。

（5）在部分转让的情况下，原所有人在待决期间提出的任何请求对部分转让的商标也有效。如申请须缴费，而原所有人已缴费，则新所有人无须就该申请支付任何额外费用。

第 49 条

（1）商标所有人可根据许可合同，授权第三人在罗马尼亚全部或者部分区域将该商标使用在商标所注册的全部或者部分商品或者服务上。许可可以是排他性的或者非排他性的。

（2）商标所有人可针对违反许可合同条款的被许可人主张商标权，包括许可期限、注册所涵盖的商标使用形式、授权许可的商品或者服务的性质、商标使用区域、被许可人授权许可使用商标的商品或者服务的质量。

（3）在商标许可合同的有效期内，被许可人有义务实施下列行为：

（a）仅在商标所附商品上使用许可合同许可的商标，但可在其上贴附表明制造商身份的标志；

（b）根据合同在许可商品所附商标上添加许可字样。

（4）许可应根据商标所有人或者持有证明文件的被许可人的要求，在支付法律规定的费用后，登记在商标注册簿上，并应根据本法实施条例规定的程序在工业产权官方公报上公布。自公告之日起，许可可以对抗第三人。

第 50 条

（1）除许可合同另有约定外，未经商标所有人同意，被许可人不得提起侵权诉讼。

（2）如果排他性被许可人在通知商标所有人其知悉的侵权行为后，商标所有人未在被许可人要求的期限内采取行动的情况下，被许可人可提起侵权诉讼。

（3）商标所有人提起侵权诉讼的情况下，任何被许可人均可参加诉讼，要求对侵权行为造成的损害进行赔偿。

（4）未向国家发明与商标局登记许可的，不会影响下列事项：

（a）作为许可标的商标注册的有效性，或者商标许可的保护；

（b）参与由商标所有人提起的侵权诉讼，或者在诉讼程序中，因许可商标受到侵害而获得损害赔偿。

（5）在与取得商标、维持其效力或者就其权利进行辩护有关的程序中，许可登记不应成为被许可人使用商标视为等于所有人使用商标的条件。

（6）第（1）款至第（3）款也适用于集体商标的被许可人。

（7）集体商标的被许可人因集体商标被擅自使用而遭受损害，该集体商标所有人有权代表被许可人提出赔偿要求。

第 51 条

（1）商标可以独立于企业，单独成为物权或者强制措施的标的。

（2）在商标注册簿中对物权和强制执行措施进行登记，应根据利害关系人的请求进行，并应附证明文件，在支付为权利转让登记规定的法定费用后，按照本法实施条例规定的程序进行。

（3）当商标所有人进入破产程序时，国家发明与商标局应根据任何利害关系人的请求并附上证明文件，在商标注册簿中登记这一事实。

第 52 条

第 46 条至第 51 条的规定参照适用于商标注册申请。

第 53 条

根据第 46 条至第 52 条的规定在商标注册簿上登记的条目，可应相关人员的请求，在支付规定的费用并提供适当的证明文件后，予以修改或者注销。

第 8 章　商标权的丧失

第 54 条

（1）商标所有人可以就其进行商标注册的全部或者部分商品或者服务放弃商标。

（2）商标的放弃应由商标所有人或者经其授权的人以书面形式向国家发明与商标局声明，自放弃声明登记于商标注册簿之日起，该商标所使用的商品和服务上的商标权失效。

（3）已登记商标许可的，只有在商标所有人证明其已将放弃商标的意图通知被许可人的情况下，方可对商标放弃进行登记。

（4）如在商标注册簿中登记了担保权益或者强制执行措施，则只有在担保权益受益人同意或者在强制执行措施的登记被取消后，方可对商标放弃进行登记。

第 55 条

（1）在商标保护期内，任何利害关系人可基于下列任何理由要求撤销授予商标所有人的权利：

（a）自商标注册核准之日起连续 5 年期间内，该商标未在罗马尼亚境内真实使用于商标注册的商品或者服务，且不使用无正当理由；

（b）注册之日后，因商标所有人的作为或者不作为，该商标已成为所注册的商品或者服务的通用名称；

（c）注册之日后，因商标所有人或者他人经其同意使用该商标，可能误导公众，特别是针对注册的商品或者服务的性质、质量或者地理来源；

（d）商标注册人不具备第 3 条（h）项和（i）项所要求的资格；

（2）下列情况应视为商标的真实使用：

（a）以在某些方面与注册商标不同的形式使用商标，但不改变商标的显著特征，不论该形式的商标是否以所有人的名义注册；

（b）商标所有人因自身无法控制的情况而无法使用商标，例如公共机关对商标所使用的商品或者服务施加进口限制或者其他规定；

（c）仅基于出口目的，在商品或者其包装上附加商标；

（d）经商标所有人同意的第三方或者任何有权使用集体商标或者证明商标的人使用商标，应被视为商标所有人本人使用商标。

（3）在第（1）款（a）项所述期限届满后至提出撤销申请前，该商标已被真实使用的，不得撤销商标所有人的权利。但是，在向法院提出撤销申请之前 3 个月内商标所有人才开始使用或者恢复使用商标，且商标所有人是在获悉有提出撤销申请的意图后才为开始使用或者恢复使用作准备的，该商标的使用不予考虑。

（4）商标使用的举证责任由商标所有人承担，并可通过任何方式予以证明。

（5）撤销自撤销决定作出之日起生效。在一方当事人的要求下，也可确定一个较早的日期作为撤销生效之日。

（6）商标应从商标注册簿中删除，并在工业产权官方公告中发布公告。

第 56 条

（1）在商标保护期内，任何利害关系人均可基于下列任何理由请求宣告该注册商标无效：

（a）商标注册违反第 5 条第（1）款规定的；

（b）商标注册违反第 6 条第（1）款或者第（3）款规定的；

（c）恶意申请注册的；

（2）宣告注册商标无效的申请可以一项或者多项在先权利为基础提出，但这些在先权利必须属于同一所有人。

（3）如果在后商标的申请日或者优先权日因下列理由而不予受理，则以在先商标为基础提出的无效宣告申请不予受理：

（a）在先商标因第 5 条第（1）款（b）项至（d）项所述理由之一，未能获得第 5 条第（2）款所述显著特征，而可能被无效。

（b）无效宣告申请的依据是第6条第（1）款（b）项，而在先商标尚未获得充分的显著特征，不足以证明存在上述规定所指的混淆可能性；

（c）无效宣告申请的依据是第6条第（3）款（a）项，而在先商标尚未获得这些规定所指的声誉。

（4）商标的无效宣告具有追溯力，自商标注册之日起自始不存在。

第57条

根据第56条、第66条或者第73条的规定无效宣告商标注册，以及根据第55条、第65条或者第74条的规定撤销商标所有人的权利，可以请求：

（a）向布加勒斯特法院提出申请；或者

（b）通过行政司法程序向国家发明与商标局申请。❶

第58条

（1）第6条第（2）款所指的在先商标所有人，或者该条第（3）款（a）项、（c）项或者（e）项所指的在先标志所有人或者在先权利人，在明知的情况下，默许在后商标在罗马尼亚或者欧盟（视情况而定）被连续使用5年，不得申请撤销在后商标或者阻止在后商标用于已使用该在后商标的商品和服务，但恶意注册在后商标的除外。

（2）在第（1）款所述的情况下，即使无法再针对在后商标援引在先商标，在后注册商标的所有人不得阻止在先商标或者标志的使用。

第59条

（1）在撤销商标注册的程序中，如果援引存在申请日在先或者优先权日在先的已注册商标的情况下，应在后商标所有人的请求，在先商标所有人应当提供证据证明在提出撤销申请之日前的5年内，在先商标已按照第55条规定的条件，在撤销申请中所引用的已注册商标所涉及的商品或者服务上真实

❶ 第8章第57条（b）项根据2022年12月8日第169号紧急法令第1条第3点予以修订，并于2022年12月13日由第1196号罗马尼亚官方公报公布。根据2022年12月13日第1196号官方公报公布的2022年12月8日第169号紧急法令第2条第（1）款，第84/1998号关于商标和地理标志的法律第57条（b）项和第61条的规定，于2020年9月18日由第856号罗马尼亚官方公报第1部分公布，自该紧急法令在罗马尼亚官方公报第1部分公布之日起生效。

·151·

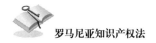

使用，或者证明未使用有正当理由。

（2）证明在先商标已经于在后商标申请日或者优先权日之前的 5 年内被真实使用，或者证明未使用有正当理由。

（3）在没有第（1）款和第（2）款所述证据的情况下，以在先商标存在为由提出的撤销申请应予驳回。

（4）如果在先商标根据第 55 条规定的条件，仅在其已注册的部分商品或者服务上使用，则在审查撤销申请时，应视为仅在该部分商品或者服务上注册。

（5）第（1）款至第（4）款亦适用于在先商标为欧盟商标的情况，对此应根据欧盟商标条例第 18 条来判断真实使用。

第 60 条

（1）如果撤销或者无效的理由仅针对注册商标的部分商品或者服务，则撤销或者无效仅对该部分商品或者服务产生效力。

（2）当援引国内商标或者根据国际条约进行注册的商标的优先权涉及欧盟商标时，即使在该商标已被放弃或者已经过期之后，仍可宣告作为优先权基础的商标无效或者撤销该商标所有人的权利。在这种情况下，优先权将不再有效。

第 61 条

（1）根据罗马尼亚宪法第 52 条规定的选择性行政司法程序申请的注册商标无效宣告或者所有权人权利撤销，可由国家发明与商标局内部的专门委员会处理。该委员会的成员应仅负责处理撤销和无效申请，不参与国家发明与商标局进行的与商标有关的任何其他程序，也不干涉国家发明与商标局内部复审委员会的工作。该委员会由三名具有法律经验的成员组成，根据第 8 章❶规定的程序进行审查。❷

---

❶ 第 8 章第 61 条第（1）款根据 2022 年 12 月 8 日第 169 号紧急法令第 1 条第 4 点予以修订，并于 2022 年 12 月 13 日由第 1196 号罗马尼亚官方公报公布。

❷ 根据 2022 年 12 月 13 日第 1196 号罗马尼亚官方公报公布的 2022 年 12 月 8 日第 169 号紧急法令第 2 条第（1）款，关于商标和地理标志的第 84/1998 号法律第 57 条（b）项和第 61 条的规定，于 2020 年 9 月 18 日由第 856 号罗马尼亚官方公报第 1 部分公布，自该紧急法令在罗马尼亚官方公报第 1 部分公布之日起生效。

（2）第（1）款所述委员会的决定书应在 3 个月内送达各方当事人，各方当事人可在送达后 30 日内向布加勒斯特法庭提出复审。

（3）对第（2）款所述布加勒斯特法院的判决不服，只能向布加勒斯特上诉法院提出上诉。第 8 章❶规定了国家发明与商标局处理无效宣告和撤销申请的程序。

第 61 - 1 条

（1）以第 55 条、第 65 条或者第 74 条所述理由要求撤销商标权利，或者以第 56 条、第 66 条或者第 73 条所述理由要求无效宣告注册商标的申请，应至少包含下列内容：

（a）提出撤销或者无效宣告申请者及其代理人（如有）的身份资料；

（b）申请撤销或者无效宣告的商标注册号，以及商标所有人的身份资料；

（c）明确申请撤销或者无效宣告的商标所涉及的商品和服务，否则撤销或者无效宣告申请将被视为涵盖注册商标所涉及的所有商品和服务；

（d）如果在无效宣告申请中援引了在先权利，应详细说明该在先权利；

（e）申请撤销或者无效宣告（视情况而定）的事实依据和法律依据；

（f）申请所依据的书面证据；

（g）代理人或者代表人的授权委托书；

（h）签名。

（2）无效宣告申请以第 56 条第（1）款（b）项的规定为依据的，应提交申请所依据的权利详情，如有需要，还应提交无效宣告注册商标的申请人是其所依据的权利人的证明文件。

第 61 - 2 条

（1）利害关系人应当将撤销商标所有人权利或者无效宣告注册商标的法院终审判决（视情况而定）通知国家发明与商标局。

（2）本条的规定也适用于商标所有人根据本法第 42 条第（1）款（b）项申请转让商标的情况。

（3）国家发明与商标局应根据利害关系人的请求，在商标注册簿中登记

---

❶ 第 8 章第 61 条第（1）款根据由 2022 年 12 月 8 日第 169 号紧急法令第 1 条第 5 点予以增补，并于 2022 年 12 月 13 日由第 1196 号罗马尼亚官方公报公布。

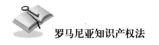

基于批准转让申请的最终决定而生效的部分或者全部转让，并在工业产权官方公报中予以公告。

第 61 -3 条

（1）第 61 条第（1）款所述委员会的活动应由国家发明与商标局内部单独的无效宣告与撤销部负责组织和开展。

（2）委员会由下列三名成员组成：

（a）主席，无效宣告与撤销部负责人；在回避或者缺席的情况下，主席职位应当由商标无效宣告与撤销部内符合第（3）款规定条件的另一人担任，由国家发明与商标局总干事下令任命；

（b）两名成员，其中一名为案件报告起草人。

（3）委员会成员应具有合同工身份、商标领域的专业技能以及至少 3 年的法律领域经验，并仅行使与解决商标注册无效宣告申请和撤销商标权利申请有关的权力。

（4）委员会的秘书服务应由商标无效宣告与撤销部的一名工作人员提供，秘书不得为委员会成员。

（5）委员会主席应批准委员会的提名组成，以及委员会会议的文件清单。

（6）第（2）款中提及的委员会成员的活动应遵守第 134/2010 号民事诉讼法第 41 条和第 42 条的规定，该法律已进行修订并重新公布。

第 61 -4 条

（1）无效宣告和撤销申请应以罗马尼亚语书面提出，并应根据本法实施条例规定的条件，通过邮寄、传真或者电子方式提交国家发明与商标局总登记处。

（2）无效宣告或者撤销申请及其所附证据应按当事人的人数提交相应份数的副本，并向委员会提交一份副本。副本提交方应确保副本的真实性。

（3）如果申请书用外文书写，应提交经申请方确认的罗马尼亚语译文。未翻译成罗马尼亚语的文件在申请裁决中不予审查。

（4）传唤当事人的程序应以罗马尼亚语进行。无效宣告和撤销程序中的当事人称为申请人和被申请人。

（5）根据第（6）款规定的条件，无效宣告或者撤销的申请人可以以自己的名义或者通过代表向委员会提出申请并进行答辩。

（6）自然人可亲自参加委员会的审查，也可由代表或者律师代理。法人应由法定代表人、法律顾问、辩护人或者代理人代表。

第 61 – 5 条

（1）无效宣告和撤销的听证准备工作应由委员会秘书进行，委员会秘书应将已提交的申请记录按时间顺序登记在登记簿中。

（2）在向国家发明与商标局提交申请予以登记后 5 日内，委员会秘书应核实是否符合第 61 – 1 条第（1）款和第（2）款以及第 61 – 4 条第（1）款至第（3）款的规定，并将文件转交委员会主席，以便指派报告员。

（3）如果申请不符合第 61 – 1 条第（1）款和第（2）款以及第 61 – 4 条第（1）款至第（3）款的规定，应将不符合要求之处通知申请人，并给予 5 日期限进行补正。

（4）如果在第（3）款规定的期限内，未按第 61 – 1 条第（1）款（a）项至（e）项以及（h）项的要求进行补正，委员会在不召集各方当事人的情况下，应当以说明理由的方式作出驳回申请的决定，并在第 61 条第（2）款规定的期限内将该决定通知申请人。

（5）如果申请未因第（4）款所述理由而被驳回，则应将申请通知答辩人，答辩人应在收到通知之日起 30 日内进行答辩。答辩人的意见连同书面证据应当按照当事方的人数份数提交副本，并向委员会提交一份副本。副本提交方应确保副本的真实性。

（6）答辩人的意见及所附证据应通知申请人，自收到通知之日起 10 日内申请人应获得答复的机会。答辩人可在案件卷宗中查阅申请人的答复。如果没有答辩人的答辩意见或者申请人的答复，则应根据卷宗中的文件处理申请。

第 61 – 6 条

（1）委员会主席应确定处理无效宣告和撤销申请的时限，并下令传唤当事人。

（2）如果一方当事人的所在地或者居所在国外，并且没有根据第 15 条第（2）款指定的代表，则应在 30 日内指定一名代表。

（3）处理无效宣告或者撤销申请的第一个期限应在答辩人或者申请人（视情况而定）提交答辩意见后确定，如未提交答辩意见，则在提交答辩意见的期限届满时确定。

（4）委员会秘书应编制会议清单，包含计划处理的卷宗，并应将清单送交委员会主席批准；经批准的会议清单应至少在确定的会议日期前一日发布在国家发明与商标局网站上，并在会议开始前1小时在国家发明与商标局总部公布。

第 61－7 条

（1）传唤和送达当事人应通过书面通知，如果当事人提供了接收通知的相关信息，则可以通过任何能够确保传送文件文本和确认收到文件的通信手段传送。

（2）传票应包含下列内容：

（a）举行会议的地点；

（b）传票签发日期；

（c）档案编号；

（d）听证的年、月、日、时；

（e）被传唤一方当事人的姓名或者名称（视情况而定），以及该当事人的所在地或者住所；

（f）被传唤人的身份；

（g）对方当事人的姓名或者名称（视情况而定）以及请求事项；

（h）委员会秘书的签名。

（3）如果当事人在第（2）款所述期限之前至少5日收到了包含该条款所述内容的传票，则传票程序应被视为已合法送达。

（4）委员会应在每个截止期限核查传唤程序的履行情况，并在必要时采取措施重新启动这些程序。

（5）如果被传唤的当事人未能在规定期限内出席，而传唤程序已经依法完成，则委员会的程序可在该当事人缺席的情况下进行。

（6）当事人如果在某一时限内亲自或者通过法定代表人或者委托代表人出席，则在听证过程中不得再被传唤，并应被视为知悉随后的时限。

（7）第（6）款的规定不适用于下列情况：

（a）申请处理在暂停后恢复；

（b）根据第61－9条第（3）款恢复申请；

（c）在法院终审判决后申请复审。

（8）当事人在听证期限内出席，应包括与传唤程序有关的任何非正常情况。

第 61 - 8 条

（1）听证应公开举行。如果公开答辩会损害其中一方当事人或者公共秩序，委员会可决定举行非公开听证。

（2）委员会主席应宣布听证开始、暂停和休会。

（3）在规定的时限内，如果各方当事人到场，或者既定程序也已完成，委员会主席应宣布开始听证，先由申请人发言，再由答辩人发言。

（4）主席有权向各方当事人提问以便澄清案情，并且应要求各方当事人依法或者主动提出所有主张、抗辩、法律答辩、事实问题或者法律问题。

（5）委员会成员只能通过主席向各方当事人提问，主席可以授权其直接提问。

（6）各方当事人在听证会上的陈述应由委员会秘书记录在听证会记录中。

（7）各方当事人提出有根据的请求，或者听证后需要进一步举证时，委员会可以批准新的期限，并应将新的期限告知出席的各方当事人。

（8）在第（7）款所述的情况下，委员会应通过由主席和书记官签署的决定，下令休会。

第 61 - 9 条

（1）辩论结束后，委员会应就将要作出的决定进行非公开审议。从报告起草人开始，委员会每位委员均有责任发表意见。主席应听取委员会成员的意见并作出决定。

（2）在特殊情况下，根据申请的复杂程度，如果委员会无法立即作出决定，可推迟在 7 日内作出决定，可延长两次，每次不超过 7 日。如果推迟，该决定不得早于为此目的确定的日期送达。

（3）如果委员会认为有必要要求提供更多的申请细节或者文件，可以恢复申请，并安排当事人进行新的听证。

（4）委员会的决定应完全以申请文件中各方当事人陈述事实和提供证据为依据。

（5）决定作出后，决定的执行部分应记录在会议记录中，并在国家发明与商标局网站上公布，报告员应起草决定。

（6）委员会的决定应包括下列内容：

（a）申请人的姓名或者名称以及住所或者所在地；

（b）根据第 61-4 条第（6）款代理当事人的代表的姓名；

（c）档案编号；

（d）作出决定的委员会组成人员；

（e）申请主题、当事人陈述及其所提供的证据说明；

（f）决定所依据的事实和法律依据；

（g）决定；

（h）救济、行使救济的期限和受理起诉的法院；

（i）委员会主席和委员的签名。如果委员会的任何委员不能在决定书上签名，应由委员会主席签名，并说明不能签名的理由。

（7）委员会的决定以多数票通过。

（8）决定书的原件存放在委员会的决定档案中，并由委员会秘书处保管。

（9）决定书副本应由委员会秘书送达各方当事人，副本应经核验与原件无异。核证无误的副本应附在申请卷宗中。

（10）针对无效宣告或者撤销申请，委员会可作出下列决定之一：

（a）批准全部或者部分申请，责令无效宣告注册商标，或者全部或者部分撤销商标所赋予的权利（视情况而定）；

（b）驳回申请；

（c）注明申请已被撤回；

（d）注明双方达成和解；

（e）由于申请人的原因致使申请在 6 个月内未决，宣告该申请已失效。

（11）在决定商标无效的情况下，委员会不得对基于被无效宣告商标所缔结的民事行为的合法性以及所产生的民事后果作出裁决，在此情况下，应将这些事项提交有管辖权的法院。

（12）本章关于处理无效宣告和撤销申请程序的规定，应根据第 134/2010 号民事诉讼法的规定酌情补充，该法已修改和补充并重新公布。

第 9 章　集体商标

第 62 条

（1）制造商、生产商、服务提供商以及贸易商的协会，其依法具有以自己名义享有权利、承担义务，签订合同或者作出其他法律行为，并提起诉讼的资格，以及受公法管辖的法人，可向国家发明与商标局申请注册集体商标。

（2）集体商标的注册申请人应当在提交注册申请时或者最迟在国家发明与商标局发出公告之日起 30 日内，提交集体商标使用规章。申请应符合第 9 条和第 10 条规定的要求。

（3）申请人应在集体商标使用规章中明确规定获授权使用集体商标的人员、协会成员资格条件、商标的使用条件、禁止协会成员使用商标的理由以及协会可能实施的处罚。

（3－1）由标志或者指示组成的集体商标，在交易中可用于指定商品或者服务的地理来源，其使用规章应授权其商品或者服务来源于相关地理区域的任何人成为该商标持有人协会的成员，条件是该人员满足商标使用规章中规定的所有其他条件。❶

（4）集体商标使用规章可规定，非经协会所有成员同意，不得转让集体商标。

第 63 条

（1）除驳回单个商标注册申请的理由外，存在下列情况的，应驳回集体商标注册申请，但第 5 条第（1）款（d）项规定的可用于交易中指定商品或者服务的地理来源的标志或者标记除外：

（a）申请人不具备第 62 条第（1）款规定资格的；

（b）不符合第 3 条（e）项或者第 62 条第（2）款至第（3－1）款规定条件的；❷

（c）商标使用规章违反公共秩序或者公认道德准则的。

（2）如果集体商标的性质或者意义有可能误导公众，特别是该商标有可能不被视为集体商标，则该集体商标的注册申请也应予以驳回。

（3）如果申请人依据第（1）款和第（2）款的要求修改了集体商标使用规章，则申请不应被驳回。

（4）自集体商标注册申请公告之日起 2 个月内，任何自然人或者法人以及代表制造商、生产商、服务提供商、贸易商或者消费者的任何团体或者机

---

❶ 第 9 章第 62 条由 2022 年 12 月 8 日第 169 号紧急法令第 1 条第 6 点予以补充，并于 2022 年 12 月 13 日由第 1196 号罗马尼亚官方公报公布。

❷ 第 9 章第 63 条第（1）款（b）项由 2022 年 12 月 8 日第 169 号紧急法令第 1 条第 7 点予以修订，并于 2022 年 12 月 13 日由第 1196 号罗马尼亚官方公报公布。

构均可就商标注册申请提交书面意见，提出第 5 条第（1）款和第（2）款所述的绝对驳回理由。

（5）第（4）款中提及的个人、团体或者机构不得取得商标申请审查程序当事人的地位。

（6）集体商标和其使用规章公告后，在先商标、驰名商标或者在先个人肖像权或者姓名权、受保护的地理标志、受保护的外观设计或者著作权的所有人或者其他任何利害关系人均可在第 26 条第（1）款规定期限内，向国家发明与商标局提出集体商标注册异议。

（7）由在交易中可用于指定商品或者服务的地理来源的标志或者标记组成的集体商标，其所有人无权禁止第三方在交易过程中按照诚实信用的工商业惯例使用这些标志或者标记。

第 64 条

（1）集体商标使用规章发生任何修改的，集体商标所有人应当通知国家发明与商标局。

（2）对商标使用规章的修改，自登记于商标注册簿之日起生效。规章的修订不符合第 62 条第（2）款和第（3）款以及第 63 条第（1）款和第（2）款规定的，不得将其记载于商标注册簿。

第 65 条

（1）除第 55 条第（1）款规定的撤销理由外，任何利害关系人在下列情况下，均可在商标保护期间任何时候申请撤销集体商标所赋予的权利：

（a）所有人未按照注册簿中登记的使用规章或者（如适用）其修正案中规定的条件使用商标，或者未采取适当措施防止该使用；

（b）使用该商标的方式属于第 63 条第（2）款所规定的可能误导公众的情况。

（c）注册簿中登记的商标使用规章的修改，违反了第 64 条第（2）款的规定，除非商标所有人通过进一步修改使用规章以遵守该条规定的条件。

（2）第 55 条第（2）款至第（6）款的规定应参照适用。

第 66 条

（1）任何利害关系人均可以根据第 56 条第（1）款所述理由之一，要求无效宣告集体商标的注册，但是第 5 条第（1）款规定的涉及可用于在交易中指定商品或者服务的地理来源的标志或者指示，或者商标的注册违反了第 63 条第（1）款和第（2）款要求的除外。

（2）第 63 条第（3）款的规定应参照适用。

（3）任何有权使用集体商标的人在真实使用该集体商标时，应符合第 55 条第（1）款（a）项中规定的要求。

第 67 条

除本法另有规定外，集体商标应遵守有关单个商标的规定。

第 10 章　证明商标

第 68 条

（1）任何自然人或者法人，包括受公法管辖的机构、组织和团体，均可向国家发明与商标局申请注册证明商标，但上述主体不得从事涉及提供所认证的商品或者服务类型的经济活动。

（2）如果申请人无权对拟注册证明商标的商品或者服务进行认证，则不能获得证明商标的注册。

第 69 条

（1）证明商标的注册申请人应在根据第 9 条提交注册申请的同时或者最迟自收到国家发明与商标局发送的通知之日起 30 日内提交下列文件：

（a）证明商标使用规章；

（b）授权或者证明认证活动合法性的文件，或者提供证明商标在其原籍国注册的证明（如适用）。

（2）规章应明确说明获授权使用商标的人员、该商标认证的要素和特征、主管认证机构核实该等特征并且监督商标使用的方式、使用商标应支付的费用以及争议解决程序。

（3）任何提供商品或者服务的自然人或者法人均可获准使用证明商标，但必须遵守证明商标使用规章。

（4）证明商标所有人应授权具有规章所保证的共同特征的商品或者服务的提供者使用证明商标。

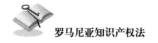

（5）第 19 条的规定应参照适用。

第 70 条

（1）除驳回单个商标注册申请的理由外，不符合第 3 条（f）项、第 68 条和第 69 条规定的，亦应驳回证明商标注册申请，但第 5 条第（1）款（d）项规定的可用于交易中指定商品或者服务的地理来源的标志或者标记除外。

（2）由在交易中可用于指定商品或者服务的地理来源的标志或者标记组成的证明商标，其所有人无权禁止第三方在交易过程中按照诚实信用的工商业惯例使用这些标志或者标记。

第 71 条

（1）证明商标和其使用规章公告后，在先商标、驰名商标或者在先个人肖像权或者姓名权、受保护的地理标志、受保护的外观设计或者著作权的所有人或者任何其他利害关系人，可在第 19 条第（1）款规定的期限内，针对证明商标注册向国家发明与商标局提出异议。

（2）证明商标使用人不遵守规章的，所有人可撤销其证明商标使用授权，亦可实施规章规定的其他处罚。

第 72 条

（1）在商标注册申请受理书及其使用规章公布后，在先商标、驰名商标或者在先个人肖像权或者姓名权、受保护的地理标志、受保护的外观设计或者著作权的所有人或者任何其他利害关系人，均可在第 26 条第（1）款规定的期限内，针对证明商标注册向国家发明与商标局提出异议。

（2）证明商标使用人不遵守规章的，所有人可撤销其证明商标使用授权，亦可实施规章规定的其他处罚。

第 73 条

（1）在下列情况下，任何利害关系人均可在证明商标保护期内任何时间要求无效宣告证明商标的注册：

（a）存在第 56 条第（1）款所述的理由之一，但第 5 条第（1）款（d）项关于在交易中可用于指定商品或者服务的地理来源的标志或者标记除外；

（b）商标注册违反第 3 条（f）项的规定；

（c）商标注册违反第68条和第69条第（1）款至第（3）款的规定。

（2）授权使用证明商标的人员在实际使用证明商标时，应符合第55条规定的要求。

第74条

（1）在下列情况下，任何利害关系人可在证明商标保护期内的任何时间要求撤销该商标所赋予的权利：

（a）自注册程序完成之日起连续5年，该商标未在罗马尼亚境内真实用于其注册的商品或者服务，且未使用无正当理由；

（b）在核准注册之日后，由于所有人的作为或者不作为，该商标已成为其注册商品或者服务的行业通用名称；

（c）在核准注册之日后，由于所有人对商标的使用或者经所有人同意而使用该商标，使得该商标容易误导公众，尤其是在该商标注册的商品或者服务的性质、质量或者地理来源方面。

（2）第55条第（2）款至第（6）款的规定应参照适用。

第75条

（1）证明商标的所有人不得转让证明商标的权利。

（2）证明商标的权利转让应由政府决定。

第76条

证明商标不再受保护的，自保护终止之日起10年内，不得作为注册申请的客体，亦不得使用。

第77条

（1）除本法另有规定外，证明商标应遵守有关单个商标的规定。

（2）适用于集体商标的法定费用同样适用于证明商标。

第11章　商标国际注册

第78条

本法规定适用于根据《马德里协定》或者《马德里议定书》实施的对罗

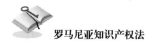

马尼亚有效的商标国际注册，但上述公约另有规定的除外。

第 79 条

根据《马德里协定》在商标注册簿上登记的商标国际注册申请，或者根据《马德里议定书》在商标注册簿上提交或者登记的商标国际注册申请，应在支付法定费用后由国家发明与商标局进行审查。

第 12 章　欧盟商标

第 80 条

（1）根据欧盟商标条例第 139 条至第 141 条的规定，欧盟商标申请或者欧盟商标可转换为国内商标申请，但须支付法律规定的国内申请审查费。

（2）国家发明与商标局应通知申请人自通知之日起 2 个月内，支付申请费和公告费，在必须指定代表的情况下指定代表。

（3）不符合第（2）款规定的条件，申请将被驳回。

第 81 条

第 103 条至第 105 条以及第 107 条的规定，也适用于侵犯欧盟商标所有人权利的行为。

第 82 条

（1）根据欧盟商标条例有关欧盟商标的诉讼，属于欧盟商标法院管辖权的案件，应由布加勒斯特普通法院进行一审。

（2）为了在罗马尼亚执行欧盟知识产权局作出的裁决，根据欧盟商标条例第 110 条第（1）款的规定，布加勒斯特法院应有权核实其真实性。

第 13 章　地理标志

第 83 条

（1）根据本法或者罗马尼亚加入的国际公约，商品的地理标志应通过在国家发明与商标局注册而在罗马尼亚境内受到保护，并且只能由生产或者销售已注册地理标志商品的人员使用。

（2）根据罗马尼亚订立的双边或者多边公约，已经获得或者将要获得保护的地理标志不受本法规定的注册程序的限制。

（3）根据第（2）款所述公约在罗马尼亚得到承认的地理标志名录，应由国家发明与商标局登记在地理标志注册簿中，并在工业产权官方公报中公布。

第 84 条

（1）在该地理区域内从事生产活动的生产者协会有权就申请书中所述商品向国家发明与商标局申请注册地理标志。

（2）地理标志的注册可直接或者通过代表向国家发明与商标局申请，且应缴纳法定费用。

（3）地理标志的注册申请应包含本法实施条例规定的内容。

（4）自提交申请之日起 3 个月内，国家发明与商标局应审查申请是否符合第 86 条和第 87 条规定的条件。

第 85 条

（1）地理标志的注册申请应依照本法实施条例的规定进行公告。

（2）在申请公告后 2 个月内，任何利害关系人均可对地理标志的注册提出异议。

（3）对地理标志注册有异议的，应按照商标的规定进行处理。

第 86 条

申请人的原籍国中央专门公共机构或者主管机构证明下列事项后，国家发明与商标局应注册地理标志，并向申请人授予使用地理标志的权利：

（a）申请注册的地理标志；

（b）使用该标志进行销售的商品；

（c）生产的地理区域；

（d）商品使用该标志进行销售所必须具备的特性和必须符合的生产条件。

第 87 条

下列情况不得注册地理标志：

（a）不符合第 3 条（g）项规定的；

（b）属于商品通用名称的；

（c）可能在商品的性质、原产地、制造方法和质量方面误导公众的；

（d）违反公共道德或者公共政策的。

第 88 条

（1）对于符合法律规定要求的申请书，由国家发明与商标局决定在地理标志注册簿中注册该地理标志，并授予申请人使用权。

（2）通过注册获得的地理标志的使用权，应属于提交给国家发明与商标局的名单上的协会成员。

第 89 条

（1）地理标志应自作出地理标志注册决定之日起 2 个月内，登记在地理标志注册簿中。

（2）在地理标志注册簿上登记地理标志，以及向申请人颁发地理标志注册证和授予使用权，应按法律规定收费。

第 90 条

以生产者协会的名义注册地理标志，不应妨碍符合第 84 条资格的任何其他协会注册同一标志。

第 91 条

（1）地理标志的保护期限应自向国家发明与商标局提出申请之日起算，且无期限限制。

（2）申请人应享有地理标志的使用权，期限为 10 年，在符合授权条件的情况下，可以无次数限制进行续展。

（3）申请续展应缴纳法律规定的费用。

第 92 条

获授权在特定商品上使用地理标志的人员，有权在商业过程中使用该地理标志，但只能在与授权商品相关的商业文件、广告、传单中使用该注册地理标志。

第 93 条

（1）即使在标明商品真实原产地或者添加"类""种""仿制品""相似"等字样的情况下，未经授权的人亦不得使用地理标志或者仿制品。

（2）经国家发明与商标局授权针对葡萄酒或者烈酒使用地理标志的人，可禁止任何其他人在非来源于地理标志所示地区的葡萄酒和烈酒上使用该地理标志，即使明确标明商品的真正原产地或者以翻译形式使用地理标志或者附有"类""种""相似"等字样。

第 94 条

中央专门公共机构可依职权或者应任何利害关系人请求，对使用注册地理标志进行销售的商品进行检查。

第 95 条

地理标志的使用权不得转让。

第 96 条

（1）地理标志保护期内，地理标志的注册违反第 86 条和第 87 条规定的，任何利害关系人均可向布加勒斯特法院申请撤销注册。

（2）不符合地理标志所指地区的商品质量标准和特殊性质的，中央专门公共机构或者任何其他利害关系人均可向布加勒斯特法院申请撤销经国家发明与商标局授权的人员对注册地理标志的使用权。

（3）利害关系人应将布加勒斯特法院的最终判决通知国家发明与商标局。国家发明与商标局应删除地理标志注册簿中的地理标志，并应自收到通知之日后 2 个月内在工业产权官方公报上公告删除情况。

第 14 章　商标和地理标志权利的保护

第 97 条

（1）任何利害关系人对国家发明与商标局商标注册申请和地理标志注册申请作出的决定不服的，可自收到通知之日起 30 日内向国家发明与商标局提出申诉，但应缴纳法定费用。

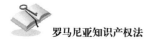

（2）任何利害关系人对国家发明与商标局关于在商标注册簿上登记权利转让的决定不服的，可自收到通知之日起 30 日内或者自公告后 30 日内，向国家发明与商标局提出异议。

（3）根据第（1）款和第（2）款的规定提出申诉的，应由国家发明与商标局申诉委员会依据本法实施条例规定的程序处理。

第 98 条

商标注册、续展或者商标注册簿上的登记存在明显实质性错误的，自注册或者登记（视情况而定）之日起最多 2 个月内，国家发明与商标局可以撤销注册、续展或者登记，并说明理由；且在工业产权官方公报上公告撤销情况。

第 99 条

（1）申诉委员会应在作出之日起 3 个月内将决定及其理由通知各方当事人，当事人不服的，可自收到通知后 30 日内向布加勒斯特法院起诉。对布加勒斯特法院的判决只能向布加勒斯特上诉法院提出上诉。

（2）可对第 39 条、第 57 条（a）项和第 96 条规定的案件判决提出上诉。

第 100 条

国家发明与商标局根据本法规定进行的程序中，当事人或者其代表应指定一个正式地址，用于与国家发明与商标局进行所有通信。

第 101 条

（1）应法院的要求，国家发明与商标局有义务向法院提交对其审理的案件作出判决所需的文件、文书和信息。

（2）涉及商标的任何纠纷，必须传唤商标所有人。

第 102 条

（1）无权实施下列行为构成犯罪，应处 3 个月至 2 年监禁或者罚款：

（a）假冒商标；

（b）在相同或者类似的商品上使用与注册商标相同或者近似的商标并投入市场；

（c）将带有地理标志的商品投入市场，用以表明或者暗示有关商品原产于真正原产地以外的地理区域。

（2）假冒商标是指第三人未经注册商标所有人同意，在商业活动中制造或者使用下列标志：

（a）在与注册商标所使用的商品或者服务相同的商品或者服务上，使用与注册商标相同的商标；

（b）由于标志与注册商标相同或者近似，或者标志所附着的商品或者服务与注册商标所使用的商品或者服务相同或者类似，可能产生公众混淆的可能性，包括商标与该标志之间发生关联的可能性；

（c）在与注册商标所使用的商品或者服务不同的商品或者服务上，使用与注册商标相同或者近似的标志，该注册商标在罗马尼亚享有盛誉，无正当理由使用该标志可能不公平地利用注册商标的知名度或良好口碑，或者对商标所有人造成损害。

（3）投入市场是指提供商品或者为此目的销售或者持有商品，或者在适当情况下在提供商品或者服务时使用标志，以及在进口、出口或者转运商品过程中使用标志。

（4）第（1）款所指的行为，在商标公告之日前实施的，不构成犯罪。

（5）对于第（1）款（a）项所述犯罪达成和解的，应排除刑事责任。

第 103 条

（1）如果商标或者地理标志工业产权的所有人或者经所有人同意行使该工业产权的任何其他人有证据证明，该商标或者地理标志工业产权已经受到或者即将受到违法行为的侵害，并且该违法行为可能造成难以弥补的损害的情况下，可以向法院申请采取临时措施。

（2）法院可特别责令：

（a）禁止侵权行为或者暂时停止侵权行为；

（b）采取必要措施确保保存证据。❶

（3）应适用民事诉讼法中有关知识产权临时措施的规定。

（4）临时措施也适用于服务被第三人用于侵犯本法所保护权利的中介人。

---

❶　应适用关于工业产权强制执行的第 100/2005 号政府紧急法令的规定，该规定经第 280/2005 号法律修订批准。

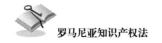

第 104 条

因第 102 条所述犯罪受到损害的，可根据一般法律规则要求犯罪人赔偿损害。

第 105 条

（1）法院可要求原告提供其掌握的任何证据，用以证明其是被侵犯权利的持有人，或者侵权行为不可避免。

（2）证明原告主张的证据由被告控制的，法院可依法责令被告提供证据，但是必须保证对信息保密。

（3）法院可责令原告向被告赔偿因受保护的商标或者地理标志滥用诉权造成的损失。

第 106 条

商标所有人或者有关中央专门公共机构（如适用）可请求法院要求侵权人提供关于被非法贴附商标的商品原产地和销售渠道的即时信息，以及关于制造商或者销售商的身份，制造、交付、接收或者订购的商品数量信息。

第 107 条

国家财政管理局有权依法对受保护的商标和地理标志行使海关执法权。

第 15 章　国家发明与商标局的职责

第 108 条

国家发明与商标局是中央公共行政部门的专门机构，是罗马尼亚国内根据本法保护商标和地理标志的唯一主管机构。

第 109 条

在商标和地理标志领域，国家发明与商标局履行下列职责：

（a）记录、审查和公告商标注册申请；

（b）根据《马德里协定》或者《马德里议定书》，审查在世界知识产权组织注册或者申请注册的商标，以承认或者拒绝在罗马尼亚境内对其进行保护；

（c）记录和公布地理标志注册申请，并在罗马尼亚境内对其进行保护；

（d）颁发商标注册证；

（e）颁发地理标志注册证，并赋予地理标志的使用权；

（f）备存商标注册簿和地理标志注册簿；

（g）颁发商标优先权证；

（h）商标注册前进行先行检索；

（i）管理、保存和开发国内商标和地理标志库，并建立相关信息数据库；

（j）与类似的政府机构和区域工业产权组织保持联系；在专门国际组织中代表罗马尼亚；

（k）与欧盟知识产权局以及其他知识产权局发展合作关系，以促进商标审查和注册相关实务与工具的趋同；

（l）编写商品商标和地理标志的官方出版物，并与类似的外国国家管理机构以及相关国际机构和组织交换出版物；

（m）向欧盟委员会通报通过的国内法规，用于贯彻 2015 年 12 月 16 日第 2015/2436 号指令所要求的成员国之间采取近似的商标法律，该指令于 2015 年 12 月 23 日在欧盟官方公报 L336 号公布；

（n）履行法律规定的其他职责。

第 110 条

（1）国家发明与商标局在履行本法规定的职责时，应要求并处理个人数据。

（2）本法个人数据的处理应根据 2016 年 4 月 27 日欧洲议会和欧盟理事会关于保护个人信息以及数据自由流动并废除第 95/46/EC 号指令（通用数据保护条例）的第 2016/679 号条例的规定进行，该条例于 2016 年 5 月 4 日的欧盟官方公报（L 119）公布。

第 16 章 过渡条款和最后条款

第 111 条

（1）在本法生效前尚未作出决定的商标注册申请，应当遵守本法的规定。

（2）本法生效之日，政府应批准本法的实施条例。

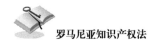

第 112 条

（1）本法自在罗马尼亚官方公报第 1 部分❶公布之日起 3 个月内生效。

（2）下列法律自本法生效之日同时废除：

商标和服务商标法（第 28/1967 号法律），该法律公布于 1967 年 12 月 29 日第 114 号官方公报；

部长会议关于适用第 28/1967 号法律的法令（第 77/1968 号法令），该法令公布于 1968 年 1 月 27 日第 8 号官方公报；

部长会议关于批准商标和服务商标争议解决委员会的结构、组织和运作条例的法令（第 1057/1968 号法令），该法令公布于 1968 年 5 月 17 日第 66 号官方公报；

部长会议关于违反发明、创新和改进以及商标和服务标志的法律规定的性质和制裁措施的法令（第 2508/1969 号法令），该法令公布于 1969 年 12 月 31 日第 159 号官方公报；

与本法规定不同的所有其他规定。

本法旨在贯彻 2008 年 10 月 22 日欧洲议会和欧洲理事会第 2008/95/EC 号指令所要求的成员国之间采取近似的商标法律，该指令于 2008 年 11 月 8 日在欧盟官方公报 L299 号上公布。

---

❶ 第 84/1998 号法律于 1998 年 4 月 23 日在第 161 号罗马尼亚官方公报第 1 部分发布。